文春文庫

徳川家に伝わる

徳川四百年の内緒話

徳川宗英

文藝春秋

はじめに

徳川という名前は、よく知られているわりには珍しいもののようです。名刺を出したりすると、ほとんどの方は、

「ほおっ」

と感心したような声をあげ、わたしの顔と名刺とを見比べたりします。

ときには、裏をひっくり返したり、明かりに透かすようなしぐさをした方もおられたのは、もしかしたら偽札を鑑定するような気持ちで、無意識のうちにわたしの苗字をお疑いになったからなのでしょうか。

本物というのもおかしいかもしれませんが、わたしは八代将軍徳川吉宗の次男だった宗武が初代となった《田安徳川家》の十一代目の当主なのです。いわゆる《御三卿》のひとつで、《御三家》とともに覚えなければならなかった日本史の試験を思い出し、嫌な気分にさせてしまったかもしれません。

わたしの母は、「徳川」という名前はずいぶん重荷だったらしく、晩年に書いた自叙

伝では、「いっそ〈川徳〉という苗字に変えられたらどんなに気が楽だろうと思ったこともありました」と告白していました。

幸い、わたしの場合、母ほどつらい思いをせずにすんだのは、生まれた時代がよかったのかもしれません。

そんなわたしが、徳川家にまつわる面白いエピソードを集めた本を書くことになってしまいました。

どこのお宅でも、先代、先々代あたりまでは、いろいろ伝わっている話などもおありでしょう。だが、三代前、あるいはもっと前になってくると、なかなかわからなかったりするのではないでしょうか。じつは、わたしだって同じようなものなのです。祖父の代や、曾祖父の代あたりまでは、直接、伝わってきた話もありますが、その前の先祖のことになると、文献にたよらざるを得ませんでした。

ありがたいことに、徳川家に関しては多くの文献や資料が残されています。また、わたしも先祖の歴史については興味もあったので、長年、そうした文献を集めたり、ゆかりの地を訪ねたりしてきました。自分の身体を流れている徳川家康や徳川吉宗のDNAを信じて、勝手な憶測を試みたりしたこともあります。

そういったものの中から、できるだけ専門的にはならず、面白く読んでいただけるものを選んでみたつもりです。興味のありそうなところから読んでいただいて結構です。

徳川幕府が誕生してから、四百年以上が過ぎてしまいました。徳川家が将軍職にあった二百六十数年間は、国内ではどうにか平和を保つことができました。だが、それ以後、いくつかの戦争が重なり、太平洋戦争後の五十数年間は、ふたたび平和がつづいていきます。

いま、世界に紛争があいつぎ、日本もそれに無関心でいられなくなってきていますが、平和の素晴らしさだけは、忘れてはいけないでしょう。

江戸時代というのは、所詮は封建時代ですから、いいことだらけというわけにはいきません。だが、国民が平和の素晴らしさを満喫できた時代ではありました。この本を読んで、そういったあたりをちらりとでも感じていただけたら、著者冥利につきることです。

田安徳川家第十一代当主　徳川宗英

目次

第二章　奇人変人だらけの将軍たち

第三章　最後の将軍は毀誉褒貶

第四章　徳川家もラクじゃない

第五章 御三家と御三卿の微妙な関係

第六章　わが田安家のヒミツ

第七章 江戸城大奥はいいところか?

第八章　その後の徳川家

企画協力・メディアプレス

徳川家に伝わる　徳川四百年の内緒話

第一章　やっぱり家康はエラかった

家康が貯めたお金で城の床が抜けた

「徳川家康」

と、呼び捨てにするのは、なんとなく後ろめたい。自分の先祖にあたる人だ。人間には毀誉褒貶や好き嫌いもあるが、苦難の生涯の末に、二百六十年以上におよぶ一時代の礎《いしずえ》をきずいた人として尊敬している。

「家康公」

といいたい気もするが、ここはやはり客観性を重視し、家康と書かせてもらうことにしよう。

知名度は、抜群である。日本の歴史上で、ベスト10にも顔をだすかもしれない。だが、知名度イコール人気があるとは限らない。家康は、織田信長や豊臣秀吉、あるいは源義経や坂本竜馬といった華やかな人達にくらべると、人気の点では劣っていると認めざるをえない。

それは、なぜなのだろう。

ひとつには、「タヌキおやじ」というイメージのせいも大きいのではないか。

わたしが小学生の時、先生が歴史の時間に、徳川家康の名がでてくると、

「タヌキおやじといわれた人です」

と、わたしが生徒の中にいるにもかかわらず、遠慮なされずに教えて下さった。

この先生は、家康の話になると毎年のように「タヌキおやじ」と生徒に教えておられるのだと思うと、子どもながらに少々やるせない気がした。

それともうひとつ、「倹約家」というイメージも、家康になんとなく地味で暗い印象を抱かせてしまうのではないか。ただ、くらべる相手が信長や秀吉という、日本史上で最大級の華麗な人たちなのだから、これはいたしかたない。

倹約家で、質素だったのは、事実である。

秀吉の命で江戸に移ってきたころ、城の住まいの玄関の階段は、使い古しの船板を代用したものだった。城の顔ともいうべき玄関でさえこうだから、他も推して知るべしだろう。

あるとき、城内で若者たちが座敷相撲に興じていた。

そこへ、家康がとおりかかって、こういった。

「相撲を取るのはよいが、畳を裏返しにしてからやるようにな。でないと、同朋衆（幕

府の雑務をつかさどった人）が畳の縁がやぶれるといって、うるさいのじゃ」

同朋衆にかこつけてはいるが、家康の本心だったにちがいない。

慶長八年……すなわち家康が江戸幕府をひらいた西暦一六〇三年。イエズス会の宣教師が、ローマに報告書をおくった。それには、こんなことが書かれてあった。

「家康は、伏見城の一室に巨万の財宝を隠しているのだが、あまりの重みのため、梁が折れ、床が陥没してしまった」と。

ふつうの家ならともかく、城の梁が折れ、床が抜けるくらいの財宝というのはどれくらいのものなのか。

この当時の家康の持ち金をしらべてみたが、なかなかわからない。

ただ、亡くなったときに持っていた遺産はわかった。名古屋の徳川美術館に『久能山御蔵金銀請取帳』というものがある。これは家康が亡くなったときに、御三家に遺産の分与をするため、駿府城や久能山の宝庫に蓄えられてあった金銀、大判小判などをあらため、その量を記したものである。

当時の金を現代の金額になおすのはなかなか難しいが、徳川美術館館長の徳川義宣氏が換算をこころみた。それによれば、およそ二百七十八億六千万円という金額になったという。金で十七トン以上あり、床が抜けてもおかしくない。

それを一人で貯めこんだのだ。「倹約家」を少し通り越している。

倹約家の家康から金を借りた細川忠興のその後は？

家康は倹約家だったが、子孫であるわたしも、倹約に関しては自信がある。

二十五年前につくった背広を、いまも他の背広と同等に着ている。二十六年前にいただいたネクタイを愛用している。老眼鏡は、百円ショップで買った。その他、古いものを大切に使っている。

衣服を長持ちさせるコツは、手入れである。背広はていねいにブラシをかけ、シーズンが終わったら、クリーニングに出す。ネクタイは一回使用したら、その都度、ベンジンでふく。こうした細かいことを怠ってはいけない。

四百年前の先祖だから、わたしの倹約精神も、まさかそのまま家康の気質をうけついだわけではないだろう。だが、徳川家につたわる教育方針の元は、家康がつくった。

わたしの家でも、かつて米が一等米と二等米にわかれていたころに、

「わが家では、二等米しか食わぬ」

と、祖父が厳命していた。

この祖父……名を達孝《さとたか》といったが……という人は、大正天皇の侍従長をしていた。じつは倹約家というほどではなく、ずいぶん無駄な散財もしたのだが、暮らしのディテールには、家康以来の倹約の精神が守られていたのだと思う。

ところで、倹約家だった家康から、金を借りた人がいるからたいしたものである。ご子孫の方々が、いまも大活躍の細川忠興である。

細川忠興は、まだ秀吉が存命中だったとき、家康から黄金二百枚を借りた。

「忠興さまが、困りはてておりまして」

と、直接、借りにきたのは、家老の松井佐渡という人だった。

家康と腹心の本多正信はこの申し出をきいて、

「それならなんとかいたしましょう」

と、貸してあげることになった。

家康は具足櫃を持ってこさせた。その蓋をあけ、黄金を取り出したのだが、それには二十一年前の日付を記した紙が貼られてある。いかにも細かい。

それを見て、家康と正信の主従は、過去を懐かしむ顔で見つめ合ったりしている。

「おなごのへそくりのように、金奉行にないしょで貯めた金でな。このように役立つときがあってよかった。さあ、持ち帰りなされ」

と、おそらくは悲しげな顔でいった。

倹約家の家康が、爪に火をともすようにして貯めた金だと、松井佐渡にもしみじみわかっただろう。さぞかし借りにくい金であったはずである。

秀吉亡きあと、細川忠興はまるで家康の親衛隊のごとく奔走し、関ヶ原の勝利などでも大きな貢献をした。それはこの借金がつくった、金額にしては大きすぎる恩義と負担の気持ちのせいではなかったか。

鯛の天ぷらで死んだといわれる家康は、ふだんは粗食でいつも麦飯だった

わたしは、先祖の家康のことを想像するたび、現代に生きたひとりの経済人の面影と重ね合わせてしまう。それは、わたしも勤めた石川島播磨重工業の社長だった故土光敏夫さんである。

土光さんが、家康について語ったりするのを聞いたことはない。だから、これはわた

しの勝手な思い込みなのだが、人柄の魅力やリーダーシップなどを見ていて、おそらく徳川家康という人も、こんな感じの人だったのではないかな、と思ったものである。

家康は、家臣の使い方がうまかった。適材適所をこころがけ、信長や秀吉のように、役に立たなくなると、冷たく放りだすようなことはしなかった。

土光さんの経営もこれに似て、限られた人数しかいない会社組織の中で、部下の適性を見て使っていた。それでも不足の場合は、社外から途中入社で人材を積極的に採用した。

また、粗食という点でも、家康と土光さんは似ていた。

土光さんが晩年、メザシをおかずにご飯を食べているところが、テレビでも放映されたりして話題になった。家康もまた、天下を取ったあとまで、麦飯と味噌を中心にした粗食をつらぬいた。

ただ、最晩年にちょっとだけ贅沢をした。

元和二年（一六一六）の正月に、駿府の近くで大好きな鷹狩りをし、そのあとで鯛の天ぷらをたくさん食べた。その夜、ひどい腹痛をおこし、これがきっかけで寝込んでしまった。滅多にしない美食で、お腹が驚いたのだろうともいわれる。

ただ、現代の医師が当時の記録を読むと、家康はこのときすでに胃ガンが進行していたと推定できるらしい。

江戸時代に書かれた本で、戦国武将たちの逸話を集めた『名将言行録』には、こんな話もある。

家康がいつも麦飯を食べていたので、家臣が殿にはおいしい飯を食べてもらおうと、お椀の底には白米をよそい、そのうえに少しだけ麦飯をかぶせて出した。

すると、家康は怒った。

「わしが吝嗇《りんしょく》で麦飯を食っていると思うか。いまは戦国の世。戦場の兵士たちが、安らかに寝ることができずにいるときに、どうしてわしだけが贅沢をできるのだ。わしが率先して倹約すれば、少しでも戦費の役に立つし、下々までいたわることになるのだ」

これは脚色もまじった立派すぎる言葉だろうが、贅沢な食事ではなかったことはまちがいないようだ。

その後の将軍たちも、家康の食生活を真似すればよかったのだ。いつしか麦飯の習慣を失った将軍たちは、ビタミンB不足からくる脚気に悩まされ、何人もの将軍が脚気からくる心不全等で早世してしまった。

精力増強のため、家康はオットセイの生殖器を食べた

家康が健康に気をつかい、当時としてはかなりの長命で数えで七十五歳まで生きたことはよく知られている。

食文化研究家の永山久夫さんの研究によると、彼はまた、漢方薬に詳しく、『和剤局方』や『本草綱目』といった薬学の書物を読んで勉強していた。勉強するだけでなく、山薬、桂皮、牡丹皮、地黄、海狗腎（オットセイのオスの生殖器）など、さまざまな生薬を常備していた。

家康はこれらをその日の調子によって自ら調合し、服用していたのである。

海狗腎という生薬は、古い本草学の書物には登場しないが、家康が愛読した宋代の医薬書『和剤局方』にはでてくる。

オットセイのオスは、一匹で三十頭ものメスをしたがえるというたいした性豪である

らしい。中国の人が精力増強を連想したのも無理はない。

薬にするのも肉や皮などではなく、まさにあの部分。漢方薬の店などでそれを見ると、おじけづいてしまうくらい、見るからにあの部分である。さすがの家康でも、あのかたちのまま食しようとは思わなかっただろう。

漢方の摂取法も、乾燥させたそれを粉にしたうえで食するということである。

ちなみに、もっと後期の江戸時代の薬屋でも、このオットセイのあの部分を丸薬にして、《たけり丸》という凄い名前をつけて売っていた。もし、家康も愛用していたことを知ったなら、商魂たくましい江戸の商人だから、《神君ご愛用》くらいのキャッチフレーズはつけたかもしれない。

ただ、オットセイなどは、江戸近辺の海ではお目にかかれない。家康は、北海道の松前藩に命じて、献上させていた。

なお、海狗腎は《八之字薬》という薬の原料にもなる。これは、現代の薬局でも売られている《八味地黄丸》と、ほとんど同じものである。ちなみに《八味地黄丸》の効能は、膀胱炎、インポテンツ、腰痛にきくとされる。まさに精力増強薬なのだ。

こうした努力が実って、家康は子宝には恵まれた。よく、「家康は後家好み」などといわれるが、別に後家を好んだわけではなく、ちゃんと丈夫な子どもが産める女性を側室にしたからだろう。

その反対に、そういうことをまったく考えなかったと思われるのが秀吉だった。秀吉は派手好みからか、見目のよさや家柄のよさで側室をえらんでいた。その結果、亡くなるときには、跡継ぎを一人しかこの世に残していけなかった。

もしも、秀吉が子沢山だったら、家康のところに天下がめぐってくる可能性は少なかったかもしれない。ましてや、あの良妻で、賢母にもなりえたお禰《ね》さんが、子沢山だったら、と思う。

おそらく家康は、秀吉の失敗を参考にして、せっせと子づくりに励んだのだ。

わずか十六歳で、年上の気の強い女性と結婚した家康

家康は悪妻に悩まされていた……という説は、世の恐妻家にとってはこころづよい逸話かもしれない。悪妻でも天下はとれるのだと。

だが、わたしとしては、この説には疑問を持っている。

家康の悪妻とは、今川義元の姪で瀬名姫のことである。のちに築山殿といわれ、こち

らの名のほうで有名である。

結婚したのは、家康が十六歳で、築山殿が二十二歳のときだったといわれる。ただ、築山殿の歳については良質の資料がなく、じつは六歳年上というのは微妙である。三つか四つ年上という説もあるし、同じ歳だったという説もある。

家康がいじめられていたとするなら、築山殿が年上だったとするほうが俄然、迫力は増す。そこからの年上説かもしれない。だが、肉親の愛にとぼしかった家康は、年上の妻に癒されていたかもしれないではないか。

家康は、今川のもとでひどいあつかいをうけていたように思う人もいるらしいが、それだったら姪を嫁にあげたりはしないだろう。きちんとした教育もうけているし、意外に厚遇されていたように思う。

この二人、仲が悪かったともいわれるが、ちゃんと一男（信康）一女（亀姫）をもうけている。

今川義元がいよいよ上洛しようというときは、築山殿は長男信康と、生まれたばかりの亀姫とともに、出陣する家康を見送った。

ご存じのように、義元は桶狭間の合戦で戦死してしまう。

このとき家康は駿府には戻らず、翌年には今川家と断交してしまった。さらにその翌年には、義元に勝利した尾張の織田信長と同盟をむすんだ。

逆に、築山殿と子どもたちが、人質になってしまったのだ。

だが、捕虜や人質の交換がおこなわれて、築山殿と信康、亀姫は無事に家康に引き取られた。このとき家康は、特に信康が欲しくて、築山殿と娘はそれほどでもなかった、というかわいそうな見方もある。

信長と同盟をむすんだ家康にとって、今川の血の築山殿は、後ろめたい存在である。子どもが戻ったあとなら、追い出してしまうこともできた。それでも離縁しないでおいたのだ。涙ぐましいほどの夫婦愛とまではいわないが、わたしはある種の情はかよっていたのではないかと思う。

家康に側室ができると、嫉妬に狂った築山殿が、懐妊したお万の方を素っ裸にして、浜松城の曲輪に捨てておいたという伝説もある。

これはまったくのでたらめであると思う。当時、築山殿は岡崎城におり、そんなことはできない。

やがて、夫婦に悲劇がおとずれる。

信長の娘で、家康の長男・信康と結婚していた徳姫が、夫を訴える手紙を信長にとどけた。信康と築山殿は、武田に通じていると告げたのだ。

事実はわからない。だが、家康は信長との盟約の手前、信康と築山殿の処刑を命じてしまった。おのれの身を守るため、妻と長男のいのちを捨てたわけである。

このむごい仕打ちの印象をやわらげるため、のちに築山殿悪妻説がつくられていったのではないか。

そもそも、ある女性が悪妻か良妻か、という評価はなかなか難しい。互いの相性もあって、同じ女性でも、相手によっては悪妻にも良妻にも変わるのが結婚というものであろう。

戦国の世の女性だから、築山殿も気の強いところはあったかもしれない。それでなければ、とても戦国武将の妻などつとまらない。

いちばんつらい時代を、ともに歩んだ糟糠の妻である。わたしは築山殿という人は、家康にとってそう悪妻ではなかったような気がする。

家康を祀った東照宮は、日本中にいっぱいある

家康は亡くなるときに、

「わが霊は神として祀れ」

と遺言した。なかなかいえるものではないし、いったからといって、祀ってくれるとは限らない。

だが、徳川幕府を磐石にするためにも、家康は神として祀らなければならなかった。家康の前にも、豊臣秀吉が《豊国大明神》という神様になっている。それを大坂の陣のあとに、家康は豊国大明神を祀った豊国社をこわし、秀吉の墓をつくった。

神様にはなかなかなれないが、仏様には死ねば誰でもなれる。つまり、せっかく神様になった秀吉を、仏様にしてしまったのだ。神様からいきなり仏様に変わった秀吉は、あの世でずいぶん驚いたことだろう。

神様として祀るとき、家康の側近で遺言をきいた天海僧正と金地院崇伝とのあいだで、権現にするか明神にするかで大論争になった。

これを決定づけたのが、豊国大明神の行く末である。

「豊臣家はあっという間に滅んでしまったではないか。明神は不吉であろう」

というので、権現になることが決まった。権現の名として朝廷からは《威霊大権現》《日本大権現》《東光大権現》《東照大権現》の四案が出され、秀忠がここから《東照大権現》を選んだ。

最初に久能山に祀られ、その後、日光にも新社殿ができた。初期は東照宮ではなく東照社といった。東照宮になったのは、正保二年（一六四五）に宮号が宣下されてからである。

日光の東照宮は世界遺産にもなったが、亡くなった地の久能山東照宮や、左甚五郎の作といわれる昇り竜降り竜のある上野の東照宮をご存じの方も多いだろう。

だが、東照宮はこれだけではない。亡くなった日光宮司の額賀氏によれば、これまで四百二十もの東照宮が確認され、そのうち二百近くは廃絶となったり、別の神さまと合祀されたりした。それでも、日本全国には、まだ百数十社を越える東照宮が現存しているということだ。

かつて、南は鹿児島、北はエトロフ島にもあった。現存するものでは、最北が函館で最南が島原である。

どうせ、大名たちが幕府にへつらって建てたのだろうと思われがちだが、それは全体の二割ほど。多くは小さな祠の東照宮で、家康が鷹狩りなどでおとずれた場所に、個人が祀るようになった。だから、埼玉県鴻巣市にある東照宮などは、家康が腰をおろしたという茣蓙が御神体になっている。

ちなみに、『東照宮再発見』（高藤晴俊著）によると、東照宮がいちばん多い県は静岡で、次が東京、埼玉とつづく。東照宮のない県もあり、それは岩手、宮崎、沖縄の三県だけである。

家康は合戦で負けて逃げるとき、馬上で脱糞した

家康のどこがすばらしいかというと、失敗を手本にしたところだと思う。自分の失敗だけでなく、他人の失敗もじっくり見つめ、分析し、それを繰り返さないようにした。地道な足取りではあったが、そうして天下を手中にした。

そんな家康でも、若いころには血気にはやって、危ない橋もわたった。家康にとって唯一といえるほど、完膚なきまで叩きのめされた戦さ、三方ヶ原の合戦である。

元亀三年（一五七二）。家康は、戦国最強といわれた武田信玄の軍と戦った。

このとき、信玄は五十二歳。家康は三十一歳。

もともと兵力的にも武田軍が有利だった。

家康軍は八千で、これに信長の援軍が三千。合わせて一万一千。

対する武田軍は、二万五千。しかも、これから上洛するという目標や勢いもあった。

だが、通過していく武田軍を見るうちに、まだ若い家康は頭に血がのぼった。

「自分の家の軒先を通られて、黙っているのは武将の恥」

と討って出た。

つまり、浜松城からおびきだされてしまったのだ。

信玄はさすがに強い。騎馬軍団の猛攻に、家康軍は次々に打ち倒されていった。

『柏崎物語』という古書によると、家康は近習たちが次々に死んでいくのを見て逆上し、「もはや、これまで」と、武田軍に突っかかっていこうとした。だが、近臣たちが必死でいさめ、やむなく撤退することになった。

このとき、夏目正吉という家臣が、それがしが身代わりになりましょうと、家康の馬尻を叩いた。馬はいきなり走り出し、家康はたてがみにしがみついて、ようやく浜松城に逃げこんだ。

家康は馬のうえで、脱糞していた。天下をとった後でもこんなことをいわれたのだから、これはやはり事実だったのだろう。

家康は、敗走の途中も、よほどあわてていたらしい。

空腹のあまり、途中で茶店に入って、小豆餅を食べた。そこは小豆餅という地名になっている。しかも、小豆餅を食べたはいいが、あわてていて、代金を忘れて走り去ろうとした。すると、茶店のばあさんが怒って家康を追いかけ、代金を払わせた。そこは銭取という地名になって、いまも残っている。

この話は、ごく最近、テレビでも紹介されていた。三方ヶ原から茶店まで約三キロ、茶店から銭取までは約二キロ。どちらもこの名のバス停までできていた。なんだか笑い話のようだが、武士たちの戦さと、したたかな庶民たちの関わりかたが、このエピソードからうかがえるような気がする。

合戦で負けたとき、家康は絵師を呼んで負けたばかりの顔の肖像画を描かせた

三方ヶ原の合戦で、家康が馬上で脱糞しつつ浜松城に逃げ帰ったあと、家臣の鳥居元忠はいそいで城門をしめようとした。

だが、家康はそれをとめた。

「この家康がいる城に、敵兵が入ってこれるはずがあるか」

と、いったのだそうだ。まだ、腰のあたりからは悪臭を発していただろうに、それにしては強気な発言である。

「それよりも、真一文字に門をひらき、門のうちそとで篝火をがんがん焚くがよい」

と命じ、奥に入った。

そして、腹が減ったから湯漬を持ってくるように、と命じた。

家康は、湯漬をたちまち三杯たいらげ、枕を持ってこさせると、あっという間にいびきをかきはじめたという。

武田の追撃軍がかけつけてきたが、城門があけっぱなしのうえ、篝火ががんがん焚かれている。

「これは何か罠があるのでは」

と警戒して、攻め寄せてこない。

そこへ、三方ヶ原から逃げてきた徳川の軍と鉢合わせになったりして、武田の追撃軍は城攻めを見送って、西へ進撃をつづけた。

いかにも豪胆な戦さぶりで、だいぶ脚色もまじっている気がするが、真偽のたしかめようもない。

同じころ、城内では、老将酒井忠次が、残りの兵を鼓舞するために太鼓をうちつづけたという。このときの太鼓は《酒井の太鼓》として有名になり、いまも残っている。

ただ、静岡県磐田市の小学校や、酒井家が後に移封された山形県鶴岡市など、いくつも残っていて、どれが本物なのかはわからなくなってしまった。

高いびきで寝て起きたあとなのか、あるいはその前だったのか。家康は浜松城に入ると、すぐに絵師を呼び、みずからを戒めるために自分の絵を描かせた。

いまも名古屋の徳川美術館に残る画像で、ご覧になった方も多いのではないか。最近では、池宮彰一郎の『遁げろ家康』という小説の装丁にもつかわれたりしている。

床几に苛立たしそうに足を組んで腰かけ、顔も不愉快そうにゆがんでいる。肖像画にしてはおかしな絵であり、なるほど負け戦さの顔と思えるものになっている。

この逸話も真実なのかどうかはわからないが、たしかに家康の生きかたにぴったり一致する話である。家康はこの敗戦をいくどとなく噛みしめ、うかつな戦さをせぬよう自らをいましめたことはまちがいない。

徳川家康は柳生石舟斎と一対一で立ち合った

家康というと、戦場などでもどっかりと床几に腰をおろし、本陣で采配をふるっていただけ、というイメージがある。しかし、じつは剣の腕もかなりのものだった。

そもそも戦国武将の多くは、皆、戦いのなかで出世したり、勢力を拡大してきたのである。ある程度、個人的な戦闘力もなければ、家臣や兵士たちもあるじを尊敬し、この人のためにと働く気にはなれなかっただろう。

織田信長にしても、桶狭間の戦いでは先陣を切って突っ込んでいき、多くの敵兵と斬りむすんだと思われる。最後の本能寺でも、押し寄せる明智軍に弓や槍で応戦し、殺されたのではなく、自害している。また、ふだんから鍛練をおこたらず、弓や鉄砲も師についてしっかり学んでおり、武芸者としても相当なものだった。

小柄でひよわなそうなイメージのある豊臣秀吉にしても、一兵卒として歴戦のなかから頭角をあらわしたのだから、運動神経や体力などはかなりのものだったのではないか。家康にしても、若いときは《海道一の弓取》といわれたほど。剣は奥山休賀斎と柳生石舟斎を師として学んでいる。

家康は、疋田文五郎という剣豪と面会したことがあった。疋田は、織田信忠や豊臣秀次の剣の師匠でもあった。

文五郎からひととおり剣の指南をうけたあと、家康は、

「あの者はたしかに剣の名人ではあるが、人によって有用な剣のちがいを知らぬな。わしなどは、いまさら敵を斬る剣法は必要ない。敵に襲われたときに、かわすことができればよい。そうすれば、供の者が相手を斬りふせてくれる」

そう語ったという。

有用な剣についての考察や、剣をかわす技についての感想など、やはり家康という人は、相当な剣の心得があったと思われる。

家康は文禄三年（一五九四）に、柳生新陰流の総師である石舟斎宗厳《むねよし》と一対一で立ち合ったこともある。

場所は京都大徳寺の北、聚落紫竹村というところ。

ただし、立ち合いとはいっても、相手は剣聖ともいうべき柳生石舟斎。いくら家康に剣の素養があっても、勝負になるはずがない。家康は木刀を持ち、石舟斎は無刀、すなわち何も持たずに相対した。

このとき、石舟斎は家康のふるう切っ先を見事にかわして、その木刀を手取りにしてしまった。

この技に感嘆した家康は、以後、柳生の剣を学ぶことを約束し、石舟斎の息子・但馬守宗矩《むねのり》の代にいたって、柳生家は大名にまで出世するのである。

さすがの家康も、書については秀吉にかなわなかった

家康は、八歳から十九歳まで今川家の人質だった。

ただし、ずっと牢に閉じ込められていたわけではない。鷹狩りを趣味としたり、けっこう優雅な暮らしを送った。

学問もちゃんとやっている。駿府では、禅僧の太原崇孚《たいげんすうふ》（雪斎）に学んだ。

雪斎は、今川義元のブレーンにもなっていたほどの人で、そんな師を持った家康の学問もしっかりしたものになった。

長じても、家康は読書や学問を好み、『源氏物語』の講義を聞いたり、鎌倉幕府の正史である『吾妻鏡』もずいぶん愛読した。なかなかのインテリなのである。

家康はメモ魔でもあったため、たくさんの書を残した。それらの中には、印肉の練り合わせ方とか、香合わせのコツといったものまである。

そんな家康の書は、たいへん立派なものである。しっかり基礎を学んだ正統派の字を

書いていた。

ただ、少なくとも書に関しては、家康よりも、秀吉のほうが魅力がある。

秀吉は、教養では家康に少々劣るかもしれない。しかし、秀吉も膨大な書を残していて、たしかにそれらを見ると、平仮名が多いし、誤字もたくさんあるということだ。

それでも秀吉の書は、早さもあり、潑剌としていて、見るだけでも楽しいし、生気に満ちている。

これはわたしの独断でもないらしい。歴史家の高柳光寿氏も、秀吉の書についてこう書いていた。

「彼の文字は師匠についた習字の上でできあがったものではない。だから、普通の概念からいえば、決して上手ではない。けれども自由なところ、形を離れたところ、自信に満ちているところに、酌めどもつきぬ雅味がある。余韻がある」

として、北条早雲や毛利元就、武田信玄、上杉謙信などの書はつまらないといい、それに比べて秀吉の書は、

「何と朗らかなことよ、といいたくなる。やはり人間の力だと思う。古今の絶品とさえいえよう」

と大絶賛だった。

家康が晩年、活字に強い興味をしめしたのは、もしかしたら秀吉の書に対するコンプ

レックスもあったのかもしれない。

なお、この活字は、駿河版といわれる日本最初の銅活字で、その印刷物も現存している。

天正少年使節団が欧州から持ち帰ったいわゆるキリシタン版とは違い、こちらは朝鮮渡来のものである。家康のあと、これらの活版技術への関心は衰えてしまった。幕末に再度渡来した西洋活版まで思い出す人もなかったらしいのは残念なことだ。

第二章　奇人変人だらけの将軍たち

秀忠は家康があてがった据え膳の美女も断った

将軍家というと、家康からはじまって、十五代将軍慶喜のところまで同一の血が、ずっと流れてきているように思うのが、あたりまえかもしれない。

残念ながら、そうではない。

将軍家の血は、ときどき行き止まりになって、傍流から将軍が補充されてきた。

たとえば、四代家綱のところまでは、前将軍の子が継いできたが、家綱は世継ぎを残さないまま亡くなった。

そこで、家綱の弟の綱吉が、家綱の養子となって五代将軍をついだ。

また、七代将軍家継も八歳で亡くなったため、世継ぎがいない。そこで、家康の子の頼宣を藩祖とする紀州から吉宗が入って、八代将軍をついだ。

だから、吉宗以後の将軍は、二代秀忠から七代家継までの血は、直接には入ってきていないということになる。

さて、二代将軍秀忠だが……。

父・家康が、大勢の側室を愛した精力家だったのに対し、息子・秀忠は、側室をおかずに一夫一婦を守り抜いたカタブツだった。そのカタブツぶりをしめす逸話がある。

秀忠が、駿府城にきていたときである。家康は、自分の側室の阿茶の局に命じた。

「あれもまだ若いのに、二カ月も女なしではかわいそうじゃ。よさそうな娘に菓子でも持たせて、さりげなくあてがってやれ」

そこで、阿茶の局はお花というきれいな娘に化粧をさせて、夜中にお菓子を持たせて秀忠の寝室にいかせた。

すると、秀忠はお花を裃姿で迎え、自分よりも上座にすわらせて、持ってきたお菓子を押しいただいた。そして、

「大御所さまからのお菓子は、ありがたくちょうだいいたす。そなたも夜もふけたことだし、早くお引き取りなされるがよい」

と、もったいないことに、出口まで送り出してしまったのだ。

これを聞いた家康は、

「なんと真面目な男なのだ。わしは梯子をかけてもかなわぬな」

と、呆れたり感心したりだったという。

秀忠がなぜ、これほどカタブツだったかというと、正室のお江与を恐れていたからだ

といわれる。

お江与は、有名な浅井三姉妹の末っ子である。

母は、戦国一の美女といわれた信長の妹のお市。長女は、美貌に秀吉が惚れこんでしまったお茶々。後の淀殿である。それくらいだから、お江与も美人であっただろう。

ただ、すでに二度、結婚を経験していて、秀忠とは三度目の結婚だった。秀吉が、自分の養女ということにして、徳川家に娶らせたのである。

秀吉は、自分は多くの若い美女を集めながら、家康には四十四歳にもなった自分の妹の旭姫を正妻とさせ、伜のほうには二度の結婚歴のあるお江与を、これまた正妻とさせたのだ。

初婚の秀忠にとっては、なんだか理不尽な思いもあったかもしれないが、この二人、相性はよかったらしい。

なんとか世継を産むのだ、というお江与の気合もあったのだろうが、子どもが次から次へとできた。

大坂城落城で悲劇のヒロインとなる千姫をはじめ、子々姫《ねね》、勝姫、二歳で夭折した長丸、初姫、後の家光となる竹千代、国松、松姫と、三男五女を出産した。五女の松姫は元和六年（一六二〇）、入内して後水尾《ごみずのお》天皇（百八代）の中宮となり、女帝明正《めいしょう》天皇（百九代）を産んだ。

お江与は、前の結婚でも二人の子を産んでいる。

しかも、歴代将軍のなかで、将軍の正妻が世継ぎを産んだのは、このお江与ただ一人である。家光以外の将軍はすべて、側室から生まれたか、他家から養子として入ってきた。

これほど気合充分のお江与に、夜ごと迫られていたなら、秀忠もせめて駿府にきたときくらいは、女なしでぐっすり眠りたかったとしても不思議ではない。

なお、秀忠が浮気をまったくしなかったかというと、そうではない。お静という大奥の女中に手をだしてしまい、男の子をつくった。この男の子が、後に会津藩の名君として知られるようになる保科正之である。だが、お江与の怒りを恐れて秀忠の子であることはずっと秘匿され、正式な対面をはたすのは、誕生から十九年後のことだった。

秀忠は、関ヶ原の合戦で遅刻をした

わたしはサラリーマン時代にも実感したが、二代目というのは大変なのである。先代の偉大な功績が重くのしかかり、圧力に押しひしがれる。実績をあげなければ、初代の周辺にいた人たちから非難され、冒険をしようとすれば「先代の教えでは」などといわれてしまう。

秀忠という人も、まさにその二代目のつらさをたっぷり味わった。

秀忠は、家康が天下取りをかけた関ヶ原の合戦に、遅刻するという大失態をするが、これだって、二代目としての焦りが原因だったのではないか。

石田三成を中心にした西軍を討つため、家康は東海道をゆき、秀忠は大久保忠隣《ただちか》、本多正信、榊原康政といった武将をひきいて、宇都宮から中山道を通って西へ向かった。家康とは、美濃で合流する手はずだった。

家康がひきいて東海道をいった軍は三万。秀忠の軍は、それよりも多く三万八千。兵数が多いだけでなく、秀忠軍のほうが攻めを重視した構成になっていて、むしろ秀忠の軍こそ本軍だった、という説もある。

だが、上田城攻略に手間取った。真田昌幸・幸村父子がこもる上田城を平定するのは、当初からの予定で、別に挑発にのったわけではない。ところが、真田方の巧みな戦さのせいで、いっこうに落とすことができなかった。

遅れている秀忠軍を待って戦うべきか、関ヶ原を前にして家康は迷った。豊臣恩顧の大名が多すぎる。万が一、大坂城から八歳の豊臣秀頼をかつぎ出して、豊臣軍として出馬してくるようなことになれば、彼らがいっせいにこちらを向いて攻撃してこないとも限らない。

そのころ、秀忠軍はまだ、信濃の本山宿（塩尻市）にいた。

合戦を前に、家康は愚痴をこぼした。

「歳をとって、このような戦さをしなければならないとは。伜がいれば、こんなこともなかったろうに」

この言葉に家臣はこうなぐさめた。

「秀忠さまも、まもなく駆けつけてこられましょう」

すると家康は、吐き捨てるようにいった。

「あの伜ではない」

家康は、死んだ信康のことをいっていたのだ。信康を自害させたことが、それほど残念だったのだろう。

幸い、関ヶ原の合戦は東軍が勝利した。秀忠がやっと家康の軍と合流できたのは、合戦の五日後のことである。家康は秀忠に会おうともせず、榊原康政の命がけの嘆願で、やっと面会がかなった、と伝えられている。

宇都宮城に釣天井の仕掛けがあると聞き、秀忠はあせって逃げた

わたしは、秀忠という人は二代目の重責を充分に果たしたと思っている。関ヶ原への遅参のときも、背後の憂いをのぞこうと必死で真田を攻めた結果だろうし、真田昌幸は以前、家康をも翻弄したほど合戦が上手で、手間取ったのも秀忠の罪ではなかった。関ヶ原へむかうあいだに、秀忠がどれほど気をもんだかを考えると、ひそかに同情を禁じえない。

秀忠は慎重で用心深い、二代目としてぴったりの性質ともいえる。

元和八年（一六二二）、秀忠は東照宮（当時は東照社といった）に参るため、江戸から日光にむかった。四月二十日に出発し、岩槻城、古河城、宇都宮城、今市城に泊まり、日光に詣でて、帰りにまた、宇都宮城に泊まろうというときだった。

家康の長女の亀姫から密書が届いた。

「宇都宮城の本多正純に謀叛あり」というのだ。

このときは、釣天井で殺そうとしているとはいっていなかったらしい。ともかく、秀忠一行は予定を変更し、鹿沼から江戸へ急いで帰った。

その後、秀忠は老中井上正就《まさなり》を宇都宮城に派遣し、城内をくわしく検分させたが、とくに異状はなかったという。

では、釣天井などという話はどこから出てきたのか。

本多正純は、父・正信の代から徳川家の参謀として智恵をしぼってきた。この少し前には、下野小山五万五千石から、宇都宮十五万五千石へ大抜擢されていた。

だが、抜擢のうらで、出されたほうの前の宇都宮城主・奥平忠昌の祖母で、家康の娘だった亀姫の怨みを買ってしまったのであろう。

老女の逆恨みにくわえて、本多正純は新城主となると、四重の堀をつくったり、二の丸に石垣をきずいたり、改修をおこなった。天井にも、地震の揺れにそなえた建築法をほどこした。これが、釣天井などという大仕掛けの噂にむすびついてしまった。

噂は嘘だとわかっても、本多正純を排斥しようという動きはとまらない。そもそも謀臣というのは、方々で怨みを買うことが多い。これまでの正純がおこなってきた謀略の逆襲にあったにちがいない。

本多正純は、最上家を改易にするため、出羽にむかった途中で突然、自分まで改易されてしまった。そのまま正純は、佐竹義宣にあずけられた。その後、横手にうつされ、七十三歳で不遇のままに病死している。

宇都宮城は、戊辰戦争のときに炎上し、廃城となってしまった。このため、いまではうわさの釣天井も、確認することはできない。逃げた秀忠が、用心深く、危機を避けたともいえよう。

わたしがかつて、石川島にあった会社に勤務していたこともあって、異説を紹介させてもらおう。この話には、石川重次という力自慢の侍が、秀忠をのせた駕籠を一人でかついで江戸城に帰り、そのおかげで石川島を拝領したという話もあるのだ。それが石川島の名前の由来ともいわれる。

なお、秀忠は水軍にも力を入れ、安宅丸という推定排水量千七百屯もある戦艦（軍船）をつくり、江戸湾の守りとしたが、これは信長が大坂で毛利水軍と闘ったことを思い出しての用心であったと考えられる。

船底は防蝕のため銅張りで、ヨーロッパより約百年も前にこの技術が使われ、常時、海上に浮かべてあった。

この船は平和な世の中となり、維持費もかさむので、綱吉の時代の天和二年（一六八二）に解体されてしまった。

現在、新大橋一丁目公園には「安宅丸由来碑」がある。

家光はしばしば江戸城を抜け出しては、町や郊外をほっつき歩いた

海外駐在をしていたころ、日本という国は欧米とくらべると、子どもにはやさしい国だなと思った。親はもちろん祖父母も、さらには近所の人たちも、甘やかしすぎではないかと思えるくらい子どもにやさしい。中国もこれに近いし、韓国も似ていると思う。幕末前後に日本にやってきた外国人たちは、さかんにこれを美風として書いている。

欧米は、オーストリアを除くと、子どもにきびしい。しつけにきびしいだけでなく、夜は小さい子どもを早くベッドルームに入れてしまう。

イギリス等の子ども部屋のドアノブは、小さな子どもでは手が届かない高い所だけについている場合がある。こういう子ども部屋では、子どもはベッドに寝るしかない。なお、子どものトイレはおまるである。

親がでかけた夜に、ピーターパンがやってきて、子どもたちを冒険の旅につれだすの

は、まさにイギリスの子どもの夜の物語なのだ。

そういう日本の風土の中で、父母につめたくされた子どものひねくれかたは、周囲とくらべていっそう深刻になるのではないか。

三代将軍家光は、子どもの時、親に愛されなかった。

二代将軍秀忠と、正室お江与のあいだには、家光と忠長の二人の男の子が育った。幼いころの家光はひっこみじあんで、すぐにいじけてしまうような子だったし、歩き出したのもおそかった。逆に弟の忠長は、はきはきして、いかにも聡明な子だったという。

このため、父母の愛は極端なまでに弟の忠長に集中し、家光は世継ぎの座もあやうくなったほどだった。

いまの世にもたくさんころがっていそうな話である。最近の親は子育てが下手になったとよくいわれるが、昔だって子育てが得意ではない親はいたにちがいない。

家光は父母に愛されなかったせいで、精神的に不安定なところがあった。

元和元年（一六一五）に家光（まだ、竹千代という幼名だった）は病気になり、絶望のあまり、自殺をはかった。これを家光の乳母だった春日局がいさめて、自殺をやめさせ、ひそかに駿府へいって、家光の悩みを訴えた。家康は、

「わしが江戸にいって、適切な処置をするから、安心するがいい」

といったという。ただし、自殺をはかったのは家康が死んだときという説もある。

家光は十七歳のころ、十四歳の酒井重澄という美少年に熱をあげ、夜になると城を抜け出しては、こっそり重澄の屋敷にかよいつづけた。

これを知った家臣の酒井忠勝は心配した。江戸の町を辻斬りが横行していた時代である。屋敷の前で家光の帰りをたしかめ、寒いときはぞうりをふところにいれて温めたりもした。

やがて、家光も忠勝が自分を心配していることを知り、感謝すると、

「それよりは夜間の出歩きはなさらぬよう」

と諫言され、以後、夜遊びのほうはつつしむようになった。

《目黒のサンマ》という有名な落語がある。

殿様が目黒の茶店で焼きたてのサンマを食べ、そのおいしさに驚いた。城にもどっても、サンマが食べたいと要求する。出されたサンマは日本橋から取り寄せた最高のサンマ。ところが、骨は取り去って、さんざん手を加えられて、脂も落ちたようなサンマで、ちっともおいしくはない。そこで殿様は、

「このサンマはどこのサンマだ？」

と訊くと、家来の者は、自信たっぷりに、

「日本橋は魚河岸で仕入れてまいったものです」

すると殿様が、

「日本橋は駄目だ。サンマは目黒にかぎる」

といったというのがオチである。

この殿様は、江戸近郊をしばしばほっつき歩いた家光をモデルにしたといわれる。事実、家光は目黒にもよく出かけた。ここに茶屋坂と呼ばれる坂道があり、彦四郎という爺さんが営む茶屋があった。

家光は鷹狩りの帰りなどはよくここに立ち寄り、休憩した。

彦四郎爺さんもざっくばらんな人柄で、家光もずいぶん気に入り、「爺、爺」と気軽に声をかけていたという。

ところで……。

秀忠のところで軍船について書いたので、家光のところでは海の御座船、すなわち将軍が海上に出るときに乗る船について触れておこう。

この船は天地丸といい、寛永七年（一六三〇）六月二十五日に家光が試乗してから文久二年（一八六二）に廃船になるまで、何回も修理を加えて、二百三十三年間、将軍の御座船として大川（隅田川）の河口近くの船蔵に保管されていた。

全長約三十メートルという大型の船で、将軍座乗の際は櫓漕ぎだが、帆走もできた。

この船の模型（十三・五分の一）が東京の船の科学館にある。船体は総矢倉、屋形とも朱塗りで、あちこちに金メッキの金具をつけた優美・華麗なものだった。明治になる前に廃船にしてしまったのは、維持費が不足したためかもしれないが、保存できなかったことが残念でならない。

文久二年撮影のきれいな写真が、東京国立博物館に残っている。

沢庵の名づけ親は、家光である

沢庵和尚は、江戸時代初期の禅宗の坊さんで、名僧として知られる。また、宗教界の内乱ともいえる紫衣《しえ》事件にからんで、出羽上山《かみのやま》に配流されたりもしている。

その沢庵を、家光は深く尊敬していた。

根岸肥前守の『耳囊《みみぶくろ》』にはこんな逸話もある。

家光が沢庵のいる品川の東海寺へいったとき、昼食を出された。

「何かめずらしいものが食べたいのう」

そんなわがままをいうくらい、家光は沢庵と昵懇《じっこん》である。

だからといって沢庵は、わざわざごちそうするようなことはしない。

「禅寺ですので、めずらしいものはありませぬが、たくわえ漬けという大根の漬物を」

と、これをどかりと皿に盛って出した。

食べてみると、これがうまい。大奥の漬物など比べものにならない。

家光はすっかり満足して、

「これはたくわえ漬けではなく、沢庵漬けじゃ」

そういったという。

これが本当なら、日本人なら食べたことがない人はいない《沢庵漬け》の名づけ親は将軍家光だということになる。

逸話の真偽はともかく、家光は沢庵に大きな信頼を寄せた。きっかけは、剣法指南役の柳生宗矩の紹介である。

柳生宗矩と沢庵は、宗矩が新陰流の奥義を体得するため、大徳寺で禅を修行しており、その大徳寺の住持だった沢庵と懇意になったらしい。

沢庵の教えは兵法にも役立つらしく、武芸者も彼の話を聞きたがった。沢庵が宗矩のために書いた『不動智神妙録』という文書は、剣法を学ぶ者の奥義書として珍重されていたほどだ。家光は剣の稽古に熱心で、なかなか上達しないことに苛立ったりもしたらしく、そんなことから沢庵を紹介してもらったのではないか。

いざ、話を聞くうちに、家光はすっかり沢庵の教えに傾倒した。

沢庵としては将軍の尊敬をうけ、かつての天海僧正や黒衣の宰相といわれた崇伝のようになろうなどという気はまったくない。早く京都にもどりたかったが、なにせ家光が放さない。ときには江戸城に招待し、奥座敷に呼び入れて二人きりで話しこむこと二刻《ふたとき》（四時間）にもおよぶこともあった。

品川の東海寺にしても、沢庵を京都に帰さないように、家光がわざわざ建立させたほどである。それくらいだから、家光が漬物にまで沢庵の名をつけたというのも案外、本当だったかもしれない。

家光は美少年が好きで、自ら美少年になりたがった

徳川幕府を磐石なものにしたのは家光の治世のときであったが、家光個人の私生活はなんとも危なっかしいものだった。

家光の周囲には小姓が大勢いた。みな、十四から十八くらいの美少年たちである。

彼らは性の対象にもなった。むしろ、家光は女に興味を示さず、小姓ばかり相手にしていた。

これは『徳川実紀』にも書かれた有名な話だが、十六歳のとき、とくにかわいがっていた坂部五左衛門という小姓が、風呂でほかの小姓と戯れたことに腹を立て、刀で斬り殺すという事件を起こした。

男色も、それにからむ騒動も、当時はそれほど衝撃的なことではなかったが、それにしても将軍になろうという若者のすることではない。

同じく家光がかわいがった小姓に、酒井重澄がいる。

この重澄は茶の湯の席で、家光がほかの小姓に先に茶をたてたことに怒り、茶碗を外に投げて、割ってしまった。それでも家光は、重澄の愛情が確認できたため、その態度を叱るようなこともしなかった。

重澄は、やがて奥さんや側室に子どもができたことが家光に知られ、切腹まで命じられている。

家光は、踊りに熱中したこともある。小姓たちとともに派手な化粧をして踊りまくるのだ。この化粧は女装といってもいい。

傅役《もりやく》だった青山忠俊は、これをとがめた。家光が合わせ鏡で化粧しているところにやってきて、この鏡を庭に投げ捨て、

「こんなことをしていては、国の乱れにつながります」

と、諫めた。

だが、家光は逆に青山忠俊をうっとうしく思い、城から追い払ってしまった。青山こそ、家光と忠長で三代将軍の座を争ったとき、春日局とともに家光のためつくした功労者であったのに。

いちばん困るのは、美少年相手では跡継ぎが生まれないということである。

家光の興味がはじめて女性に向かったのは、伊勢からやってきた十六歳の永光院という尼さんを見たときだった。不思議な中性の美に魅かれたのだろうか。それを知った春日局は、この永光院を還俗させ、大奥に入れた。お万の方である。

ようやく女性を知った家光は、あいついでお振の方と、お楽の方という側室とのあいだに子どもをつくった。お楽の方とのあいだにできたのが、四代将軍家綱である。側近たちは、胸を撫でおろしただろう。

このとき家光は、すでに三十八歳になっていた。

母の侍女に夜這いするとき、家光は、ハンニャの面をかぶった

家光という人には逸話が多い。

これをゆがんだ人格と切り捨てるのは簡単だが、感受性の強い少年が、愛情に満たされず育ち、しかも将軍という重荷を背負わされてしまったのだ。同情の余地もおおいにあるだろうし、人間探究のためのいい材料にもなるのではないか。

次の逸話は、『明良洪範』という書物に登場する。

すでに少年にしか興味のない時期は、脱したあとである。家光は、二代将軍秀忠の夫人で実母でもある崇源院（お江与）の侍女が気に入ってしまった。

しかし、母の侍女というのは、なんだか通いにくい。そこで、ハンニャのお面をかぶって、日本男児の伝統でもある夜這いを敢行することにした。

侍女のほうもまんざらでもなかったのか、家光はしばしば通いつづけたらしい。

そのうちに、大奥に鬼が出るという噂が立った。

だが、実母の崇源院は、

「そんなものは鬼のわけがない。たわけた男が通ってきているのじゃ」

と、なんだか見破っているような気配である。

家光にとって、崇源院は怖い存在である。これはまずいと、家光もぴたりとやめた。

ところが、その相手のお腹がふくらんできてしまったため、大奥でもうっちゃっておくわけにはいかなくなった。

家光はあせった。崇源院に知られたら、どんなことになるか。

そのとき、家光の小姓のひとりで伊丹権六という者が、身代わりを申し出た。

「わたしがハンニャのお面をかぶってつかまれば、女をはらませたのもわたしのしわざということになりましょう」

というのである。だが、家光も後ろめたい。

「つかまったら、きびしく処罰されるぞ」と、止めた。

「かまいませぬ。戦場での働きも、こうした苦難も、どちらも上様のため」

権六はハンニャのお面を手にした。

もくろみどおり、権六は大奥を警固する伊賀者につかまった。しかも、上様の住まうところに忍びこむ不逞の輩ということで、磔になってしまった。もちろん、家光の名は出さずじまいである。

そればかりか、権六には二歳になる男の子がいて、これにも死罪が加えられそうになった。これはいくらなんでもむごい。家光は、家康の葬儀もとりしきった宗教界の大物である天海僧正に頼んで、子どものほうは助けてもらった。

男の子は坊主になり、のちに浅草寺の僧正にまでなったという。

秀忠と家光は、大名屋敷に遊びに行くとき、お供数千人を引き連れていった

参勤交代で、地方の大名たちに大きな経済的な負担をかけ、幕府への反逆の力をそいだ、というのはよく知られている。

地方と江戸を往復するのも大変だが、大名の江戸屋敷に、将軍が遊びにくるというのも困りものだった。

将軍がくるからには、

「粗茶ですが」

ではすまないのである。

ともにやってくる家臣たちにまで、最高のもてなしをしなければならない。

大名たちは、将軍の訪れをつげられたときは、さぞかし頭を抱えたことだろう。

この将軍の訪問は、御成といわれたが、はじめたのは二代将軍秀忠だった。だが、最初のころは、大名側が願って招待していた形跡もある。

最初に御成をおこなったのは、加賀の前田の江戸屋敷。場所は現在の東京大学がある本郷である。当主の前田利常は、最高の食事だけでなく、能の舞台を準備し、お供もすべていっしょに接待をした。

このときの饗応の品などが、一九八〇年代半ばから始まった東京大学の発掘調査から明らかになってきた。前田屋敷の庭の隅から、将軍の御成につかわれたらしい大量のお膳や食器が見つかったのだ。

これによれば、食材はわざわざ加賀から取り寄せたらしい鮎、鱒、雁など。また、食器などはなぜか一回限りで使い捨てられていた。

最初のころは、それほど大勢の人数ではなかったようだが、やがて秀忠だけでなく次の将軍になった家光までも御成をやりはじめ、そのころになると、お供の人数も数千人にも及んだという。食事はもちろん食器だけでも巨額の出費である。

御成の被害にあっているのは、前田、伊達、蒲生、藤堂などの大大名のほか、尾張、水戸、紀州の御三家など。しかも、秀忠と家光がちょっと間をあけて、連続で御成をしている。どうせなら、いっしょにいけばいいものを、迎える側は、

「なんで、わざわざ、別々に……」

と、泣きたくなったことだろう。

この将軍の御成をきっぱりお断りした大名もある。細川忠興である。

細川は、秀忠が御成をするという申し出に対し、

「こんな粗末な屋敷に、上様をお迎えするわけにはいきません」

と、再三の申し出に応じなかった。

それでも秀忠に怨まれたようすもないのは、人格のなせるわざだったのか。

「生類憐みの令」の綱吉は、カラスを島流しにした

学校で習う日本史などでは、たいがい貞享二年（一六八五）に《生類憐みの令》が発

布されたとし、これがずっとつづいていたように思ってしまいがちである。

そもそも《生類憐みの令》という名の法律は、一度も出されていない。たしかに、生き物を憐れむようにという内容の法令はいっぱい出されたが、それを後の人が総称して《生類憐みの令》と呼んでいるだけである。綱吉が出しつづけた法令は、じつに具体的にこまかく規定され、なんと百三十五回にわたって発布されつづけたのである。

たとえば、貞享四年の一月に出された令は、

「重病の生類を死なないうちに捨ててはいけない」

といったものだった。また、同じ年の二月には、

「飼い犬の毛色を帳簿に記し、犬の出入りをきちんと把握せよ」

という細かい指図のような令だった。

これが年を追って具体的になっていく。

「市内で大八車や牛車などが犬をひかないようにすること」

「犬、猫、蛇、鼠にいたるまで、これらに芸を教えて見せ物にしたりしないこと」

「将軍御成りの道で犬が喧嘩をしていたなら、供の者であっても速やかにでて、ひきわけること」

「金魚を飼うのはかまわないので、江戸中の金魚の数を詳しく報告すること」

そのうちに、だす方でも、最初のポリシーを失ったかのような令も登場する。

「熊、猪、狼などは、たとえ人を襲わなくても、家畜に害をなすなら追い払え。そのとき、はずみで殺してしまってもかまわない」

同じ生類でも、ずいぶん差別されたものである。

しかし、こんな法律が守られるはずがない。同じような法律が何度も出されつづけたということは、それだけ破る者が多かったからだ。

綱吉自身、動物を法律で規制するのが難しいことを体験したことがある。

綱吉が江戸城の外に出たとき、カラスの糞が綱吉の頭にあたった。

「あの無礼者のカラスめが！」

怒った綱吉は、そのカラスをつかまえることを命じた。

役人はようやくこのカラスをつかまえてきた。殺したいが、生類憐みの令を出していて、自ら無視するわけにはいかない。

「このカラスに島流しを命じる」

カラスは牢カゴに入れられて、伊豆諸島の新島に流された。

だが、カラスは新島で放されるとすぐに、江戸のほうへと飛び去ってしまったという。

これでは綱吉のマヌケぶりをあざ笑うような話だが、カラスの島流しについては異説もある。最近、東京にカラスが増えて困っているが、江戸時代もカラスが増えて困ったため、たくさんのカラスを島流しにしたのだともいわれている。

綱吉が助けた野良犬のエサ代は、年間百億円

《生類憐みの令》は、動物愛護といいつつも、犬に関する命令がやたらと多い。それは、将軍の信頼を得ていた隆光という僧侶が、

「上様は戌年の生まれなので、犬を大事になさるべき」

といったからだというのが定説だった。

だが、この説は最近では否定され、江戸では野良犬問題が深刻になっていたため、犬についての法令が多くなったというのが本当のところらしい。また、江戸というところはやたらと犬が多いところで、これはもっと後のことだろうが、

「伊勢屋、稲荷に、犬の糞」

といわれたほどだった。

その野良犬対策の白眉というべきものが、元禄八年に中野につくられた巨大な犬小屋なのである。

犬小屋とはいうが、その広さときたらおよそ十六万坪。約五十二万八千平方メートルにおよぶ広大な土地だ。

ここに広さ二十五坪の犬小屋が二百九十棟もつくられた。

さらに、陽があたるのはかわいそうだと、七坪半（二十四・七平方メートル）の日除け場二百九十五棟も設けられた。

建設費用だけでも二十万両もかかった。

こうして江戸中の野良犬が集められ、その数は十万匹にも達した。

一年間の飼育料がおよそ十万両である。当時の一両はほぼ十万円に換算されるから、飼育料だけで現在の百億円に相当することになる。

中野の犬小屋に入りきらない犬は、周辺の村にあずけられた。その村には中野村同様に犬一匹につき年に二分ずつ、養育費が支払われた。

ところが、綱吉が亡くなって生類憐みの令が廃止されると、前渡ししていた養育費を返却しなければならなくなり、中野村では六十二両もの金を返すことになった。

いまだって、しつけの悪い犬はやたらに吠えまくってうるさいが、生類憐みの令のころの犬も同じようなことになった。誰も叱る者がいないので、道の真ん中にだらしなく寝そべっている。荷車など通ろうが知らんぷり。人間がどいてくれるのだ。

実際、坂道で荷車が犬をひいてしまったら、荷車を引っ張っていた者全員が処罰されたこともあった。

こんな法が二十五年間も実行されたのだからたまらない。

中野の犬小屋がつぶされると、数万頭の犬は追放された。これまで大きな顔をしていた犬たちは、突然の待遇の変化にさぞかし仰天したことだろう。

綱吉は、心やさしい自然を愛する人間だった？

歴史の教科書などでは、綱吉という人はどうしても分が悪い。

綱吉が発令した《生類憐みの令》は、くだらないことを庶民に押しつけ、善良な庶民たちを苦しめつづけた世にも馬鹿馬鹿しい悪法だった……そんな印象で受け取っている人がほとんどではないか。綱吉は、人間よりも犬を大事にする狂った将軍のように思っている人もいるだろう。

ところが、歴史学者の中には、こうした印象はいい加減な資料によってつくられた、偏見に満ちた、誤ったイメージだと主張する人も出てきているのだ。

それどころか、歴史学者の山室恭子さんによれば、《生類憐みの令》の基本は、動物はもちろん人間にもやさしくしよう、という仁の精神からはじまったものであるという。しかも、庶民たちも決して苦しめられていたわけではないというのだ。

このユニークな説は、『黄門さまと犬公方』という大変面白い本でくわしく述べられていて、いままでの綱吉のイメージはもちろん、綱吉のライバルのような存在だった水戸黄門のイメージも一新されてしまう。

この本によると、まず《生類憐みの令》が生まれた背景には、当時の殺伐とした世情を理解しなければならないらしい。

当時は、まだ戦国の気風が残り、またかぶき者といわれる奇抜な恰好をした不良たちが横行する物騒な時代でもあった。なにかあるとすぐに刀をふりまわし、もちろん動物などを愛護しようなどという風潮もなかった。こうした世の中に対して、他者を思いやれるようなやさしい世の中にしようと、綱吉は《生類憐みの令》を発令したのだという。

ところが、いくら動物をかわいがろうといっても、江戸の人たちはなかなかそれを実行しない。やめろといわれれば、やけくそのように犬をいじめるような人もたくさんいる。だから、何度も同じような法令を出しつづけなければならなかった。

たしかに、《生類憐みの令》が百三十五回にもわたって出しつづけられた背景には、いくらいってもやめない武士や庶民たちの姿もかいま見ることができる。たとえば、数百年後に、現代のタバコの包装紙が発見されたとする。そこに一箱ごとに印刷されつづけた「あなたの健康を損なうおそれがあります」や「二十歳未満は禁止」という文章。未来の人たちは、われわれが《生類憐みの令》に感じるような、煩わしさや馬鹿馬鹿しさを感じるのかもしれない。

実刑になった数も、二十五年間でたった六十九件と少なく、罰せられた人も庶民ではなく、武士が大半だったという。

とすると、なるほど、これは一考に値する説ではないか。

七歳で結婚が決まった家継の相手は、まだ二歳だった

封建社会のシステムができあがってくると、頂点にいる将軍は、誰でもいいようなことになってくる。むしろ、誰でもいいような将軍のほうが、ありがたくなってくる。

七代将軍の座についた鍋松こと家継は、まだ五歳だった。ものおぼえもよく、かなり聡明で、将来も期待されたが、いまなら幼稚園の年少組にいくような子どもが、権力の

頂点に座ったのだ。

生母は、美人だったことで知られる月光院。太陽が消えてもまだ光り輝くという、なんとも思わせぶりな院号である。

月光院は、六代将軍家宣が亡くなったとき、まだ二十七歳の若さだった。

亡くなる前に家宣は、

「家継の補佐役には、側用人の間部《まなべ》詮房《あきふさ》を」

と、指名していた。このため、間部は、本来、将軍以外は男子禁制である大奥に、特別に出入りできることになった。

まずいことに、間部詮房は若いときに能役者になろうとしたほどの美男子だった。そんないい男が、幼い将軍の補佐役として、大奥で暮らしている。かたや月光のようにいい女。どうしたって、あらぬ噂がささやかれるようになる。

間部が大奥の奥座敷で、普段着になって月光院とこたつに入り、仲むつまじく雑談をするようすを見て、幼い家継は、

「間部はまるで将軍のようじゃな」

と、侍女にささやきかけたという。

やがて、江戸城をゆるがすスキャンダルが起きた。世に名高い絵島生島事件である。

絵島というのは、月光院に信頼されていた大奥の年寄だった。年寄といっても、実際

はまだ三十三歳の若さである。

その絵島が名代として、百三十人（一説には十数人だった）もの奥女中たちをひきつれ、芝増上寺に代参にむかった。正徳四年（一七一四）正月十二日のことだった。代参は無事にすみ、絵島一行はそのまま芝居小屋の山村座にうつった。ここで、一座の看板スターである生島新五郎たちの芝居を楽しみ、酒などの饗応をうけた。これ自体は、暗黙のうちに恒例となっていたらしい。

ところが、ひとしきり楽しんで、門限にも間に合うように江戸城にもどると、待っていたのは、なんと罪人扱いだった。大奥にありながら、役者ふぜいと密通をおこなう不届き者たちというわけだ。

本当に密通があったのか？　門限に間に合わなかったという説もあり、真相は闇の中である。間部・月光院派の勢力をそぐための、反対派の陰謀だったという見方が有力である。

理由はともかく、事件にからんで千五百人もが処罰をうけた。

年寄絵島は信州高遠に幽閉され、生島新五郎は三宅島へ流された。絵島は六十一歳で亡くなるまで、ここの囲い屋敷で暮らした。一方、生島新五郎のその後は不明であるが、赦免になったという説（『月堂見聞集』）もある。

それからまもなく、七歳の家継に、縁談が持ち上がった。これは絵島生島事件とは直接の関係はないだろう。

お相手は、霊元上皇の皇女八十宮吉子。こちらは、まだ二歳だった。

翌享保元年（一七一六）、豪華な結納の儀式もおこなわれた。幕府の使者として老中阿部豊後守正喬が京都をおとずれ、帝や公家たちにも莫大な贈り物を献上した。

だが、婚約からわずか二カ月後に家継は病の床にふした。この病のきっかけは、間部詮房と月光院とが吹上の森の花見で酒を飲み過ぎ、家継をいつまでも夜気にあててカゼをひかせたことにあったという。

しかも、いったん家継の熱が下がると、またしても夜桜の宴にひっぱり出し、カゼはぶり返す。まるで、現代でもよく見かける、子どもを夜遊びにつれまわす若い父母のような軽率さである。

もともと病弱だった家継はたちまち衰弱した。周囲の懸命の看病にもかかわらず、まもなく亡くなってしまう。まだ八歳だった。

大事な子どもを失った月光院だが、吉宗の時代になっても大奥で悠々と余生を送った。間部詮房はいなくなったが、大好きな夜桜の宴はずっとつづけられたという。

将軍候補が四人つづけて死んだので、吉宗は将軍になれた

わたしには、直接的には秀忠から家継までの血は入っていない。だが、吉宗はわたしの直接の先祖である。直接の血縁でいうと、八代前のご先祖さま。子どもの言葉遊びふうにいうと、「ひぃひぃひぃひぃひぃひぃ爺ちゃん」にあたる。

テレビの『暴れん坊将軍』は、吉宗が主人公である。

「誇らしい気持ちでご覧になっているのでは？」

などと訊かれることもたまにあるが、そんなことはない。テレビをつけて、やっていれば観るけれど、とくに感慨も誇らしい気持ちもない。それは『水戸黄門』でも大河ドラマでも同様である。

子どものときもそうだった。家でも、先祖の話だから読んだり観たりしなさいといわれた記憶はない。唯一、母から与えられた『国史美談』という本を、勉強の意味で読んだことはあった。これには、楠木正成などといっしょに、先祖たちも出てきたが、「あ

あ、そうか」といった程度で、特別の思いはなかった。子孫のために偉くなろうなどと思うのは、無駄かもしれない。

さて、その吉宗であるが……。

吉宗は、紀伊家の三男坊だった。あとを継ぐ可能性はほとんどない。ましてや、吉宗の生母は身分が低かったということで、どことなく陰の存在に見られがちだった。

そのころ、五代将軍綱吉は五十三歳になっていたが、世継ぎを持っていない。徳松という子があったが、五歳で亡くなってしまった。

綱吉は嫡男を得るのをあきらめ、一人娘の鶴姫を嫁がせていた紀州の綱教《つなのり》のところに子ができたら、それをもらい入れて跡継ぎにしようとしていた。

だが、その鶴姫も、そして綱教も四十一歳で亡くなってしまった。

紀州では、さらに不幸がつづいた。あとを継いだ次兄の頼職《よりもと》も、その四カ月後に二十六歳の若さで亡くなってしまった。

じつはもう一人、兄がいたが、幼いときに亡くなっている。

三人の兄の死によって、吉宗はやっと紀伊家五十五万石の当主となった。

あまりにも都合よく兄たちが亡くなったため、紀州藩内でも吉宗がなにかしたのではという噂まで立ったほどである。

六代将軍には、綱吉の亡き兄の遺児だった家宣がなり、家宣が将軍になってわずか三年半で亡くなると、家宣の子でまだ五歳だった家継が七代将軍となった。

その家継も病弱で、またもや次の将軍に誰がなるかが取り沙汰される。

尾張家は御三家筆頭である。だが、その尾張家では死者があいついだ。徳川吉通は人格的にもすぐれ、六代将軍家宣は自分の子の家継ではなく、尾張の吉通を七代将軍にしたかったほどだった。その吉通も突然、亡くなった。

室鳩巣は『兼山秘策』という書で、死因について、こう書いている。

「饅頭を食べて中毒をおこしたそうだが、日頃の不摂生と深酒がたたって常々吐血されていたともいう。世間はこの死に不審の念を持っているようだ」

つづいて、吉通のあとに尾張藩主となった嫡子の三歳の五郎太も、わずか二カ月後に亡くなってしまった。このふたりの不審な死に、尾張藩内では、紀伊の吉宗が刺客を送ってきたのではないか、という噂も飛びかったほどだった。

権力争いにおいては、暗殺もありえただろう。だから、わたしの直接の先祖でもある吉宗の場合も、そんなことは絶対になかったとはいえない。

だが、それを疑うなら、誰かの死によって、次の座が転がりこんだ者は皆、暗殺を疑わなければならない。

その場合、一人だったら、やれるかもしれない。発覚する可能性も少ないだろう。しかし、四人というのは多すぎるのではないか。誰がこんな危うい方法を選ぶだろう。わたしは、逆に四人もつづけて亡くなったからこそ、暗殺の可能性は非常に少ないと思っている。

将軍のスパイ「お庭番」は、呉服屋で変装し、そのまま任地に出発した

テレビの時代劇を見ていると、お庭番という人たちがしばしば登場する。伊賀忍者とか甲賀忍者というと、手垢にまみれた感じもするし、子どもっぽい忍術のイメージもあるが、お庭番のほうはなんとなくリアルな存在である。もちろん実在した人たちである。

八代将軍吉宗は、江戸の人間はあまり信用できなかったらしく、将軍になったとき、二百五人の紀州の家臣をつれて江戸にやってきた。

そのうちの十七家には、将軍直属の密偵であるお庭番の役を命じたのである。吉宗は、紀州にいるときも密偵をつかっていた。太っ腹なようで、けっこう細かいの

が吉宗という人である。この密偵たちは《町廻横目》という名で、まさに城下の者が自分の命令を守っているか、横目でじろりと見張らせるという役目だった。

江戸城の中奥の御休息の間というところのそばには、お駕籠台があった。遠出のさいは、ここで将軍が駕籠に乗るのだ。お庭番はここに呼び出され、直接、吉宗から命令をうけるようになった。

このとき、彼らはホウキを片手に持って参上した。まさにお庭番のような恰好である。命令をうけると、彼らはまず、大伝馬町にあった呉服屋の「大丸」にむかい、その奥で着替えをした。

そこには、虚無僧、猿回しなど、さまざまな職業の衣装が準備してあった。

お庭番は変装を終えると、屋敷にはもどらず、そのまま任地へ赴いた。もちろん、家族に任務などを明かすことはない。

そのまま、二年も三年ももどらないこともある。

任務を終えて帰ると、お庭番はふたたびホウキを片手に、吉宗に報告にいった。

はじめのころは、このお庭番の存在は秘密にされていた。知っているのは、吉宗とわずかな側近だけで、お庭番は秘密裡に暗躍した。

そのうち、吉宗の政権が安泰になってくると、お庭番の存在も名称もあきらかにされ、逆に諸大名たちは脅威をおぼえるようになった。

そんな有効なお庭番だが、もっと後の時代になると、お庭番のような隠密組織が増えすぎてしまう。『よしの冊子』という隠密について書かれた資料では、

「このところ、隠密が流行している」

とあり、お庭番ばかりか、御目付、寺社奉行、町奉行、勘定奉行、御三卿、老中などが、それぞれ隠密をつかっていると報告している。

しかも、隠密がさらに隠密をつかうこともあり、おかしなものだと呆れたりしている。正直者たちには、さぞかし馬鹿げた風潮だっただろう。

吉宗は世界で最初に公園をつくった

都会の中の公園のたたずまいというのは、好いものである。

サラリーマン時代は、よく日比谷公園を散歩した。

ここには、さまざまな種類の木が集められている。一都一道二府四十三県の県木も、一カ所に集められて植えられている。

ニューヨークのセントラルパークは、夜になると入れなかった。同じ大都会の真ん中にあっても、日比谷公園は夜もとおることができる。会社帰りが遅くなったときも、中を抜けて歩いたりすると、夜風が心地よかったりした。

日比谷公園はまた、意外な穴場でもある。中に松本楼というレストランがあって、ここの駐車場は満車になるときが滅多にない。都心に車でいくと、食事をするにしても駐車場をさがすのは容易ではないが、ここはいつも待たずに入ることができた。

こんなふうに、都市生活には公園の存在が欠かせないと思うのだが、江戸の町に公園というものを出現させたのは、徳川吉宗の功績だった。

吉宗がおこなった善政では、目安箱の設置などがよく知られている。だが、これらは姿を消してしまった。いまに残っているのが、江戸のあちこちにつくられた行楽地だろう。

東京名物上野の桜見物も、吉宗がはじめている。

じつは、それまでも上野の寛永寺の桜は有名だった。元禄時代のころも、庶民が見にいったりもしていたらしい。

ただ、庶民が見物できるスペースは限られていた。そこで、吉宗は寛永寺境内に庶民たちも楽しめるような桜見物ができる広大な場所をつくらせた。

隅田川堤も現代の花見の名所だが、ここも吉宗が命じて、江戸城の吹上の桜の苗を育てて、川沿いに植えさせたのが最初だった。

王子の飛鳥山もまた、吉宗がつくった江戸名所である。

吉宗がここに鷹狩りにきたとき、あたりに神社や川の名など紀州にゆかりの名が多いのに驚き、ここを幕府の直轄地とすることにした。そのうえで飛鳥山一帯に数千本の桜を、また近くの石神井川のほとりには紅葉を数千本植え、春秋ともに景色を楽しむことができるようにした。

同じく品川の御殿山も、吉宗の指示で江戸市民の行楽の場所にするため、たくさんの桜が植えられた。

小金井の桜は、吉宗が武蔵野の新田開発を進めたのに関連し、ここに桜を植えて江戸の市民も遊びにくるようにした。

どれもが、三百年後の現代まで生き延びて、多くの人たちの行楽地になっている。

吉宗というと、倹約についてはうるさいほどで、堅苦しい印象を抱かれてしまうが、こんな一面もあったのである。

ただ、これらは、吉宗の懐刀でもあった大岡越前が勧めた火除け地の発想によるところが大きいともいわれる。江戸に多い大火の被害から守るため、ところどころに広大な空き地をつくろうとしたというわけである。

大岡越前は、小さな広場も江戸中に設置したりしている。上野の広小路は、その代表的なものだ。

「なんだ、それじゃあ、偉いのは大岡越前じゃないか」

などというつまらない手柄争いは、無意味である。

発想したのはどちらにせよ、それを許可したのは吉宗だった。

平凡社の『世界大百科事典』によると、公園というのは古代ギリシャやローマの広場を最初とするのではなく、中世の王侯貴族等の庭園が市民の要求によって開放されたのを始まりとするという。代表的なところでは、ロンドンのハイドパーク(元はウエストミンスター寺院の所領)や、パリ郊外のフォンテンブロー(ナポレオン三世以後、市民に開放された)などがある。

これらと比べても、吉宗が江戸につくった行楽地は、世界でもっとも早い公園のひとつに数えてもいいのではないか。

ふだんはとくに吉宗に対して誇らしい気持ちになることはないが、公園に来ると吉宗のことを思い出し、嬉しくなる。

吉宗が泣く泣くあきらめた恋があった

将軍ともなれば、気に入った女性を見たら、

「あの者を召させよ」

の一言だけで、我が物にできそうである。

事実、そうやって側室にしてしまった例もたくさんあるのだろう。

ところが、天下の八代将軍吉宗にしても、泣く泣くあきらめなければならなかった恋があったという。

まるで映画のような悲恋のお相手は、江戸城の北の丸御殿にひっそりと住んでいた。名を竹姫といって、公家の出身である。この姫は五代将軍綱吉の養女になっていたのだが、あいついで不幸が訪れた。四歳のときに、会津藩主の嫡男松平久千代と婚約したが、久千代は亡くなってしまった。さらに、二年後には有栖川宮正仁親王との再縁がととのったが、この親王までも亡くなってしまう。

こうも不幸がつづくと、竹姫は縁起の悪い人間のようにされ、大奥の片隅でひっそりと日を送るようになる。

やがて、将軍は五代綱吉から、またたく間に六代家宣、七代家継と代わり、八代吉宗の世となった。

二人が最初に会ったのは、いつごろなのか、資料ではわからない。だが、吉宗が三十三歳で将軍として江戸城に入ったとき、竹姫はまだ八歳であるから、どうこうなることはなかった。

竹姫も成長し、美貌も輝きわたる十代後半。ちょうど、そのあたりではなかったか。吉宗は、当初のうちはいろいろと相談になってあげていたという。そのうち、薄幸の美少女は、すでに四十を越えようという吉宗の心を強くとらえてしまった。

そして、いつしかただならぬ関係に……。吉宗と竹姫の仲むつまじいようすは評判になり、京都の公家たちのあいだでも噂されたほどだった。

このとき、吉宗に正室はいない。最初の正室だった真宮理子《さなのみやまさこ》は、すでに亡くなっている。そこで吉宗は、竹姫を正室に迎えたいと、六代将軍家宣の正室だった天英院に相談をした。

ところが、天英院は怒った。

「人倫にもとる」というのだ。たしかに、血縁はなくとも五代将軍の養女だから、吉宗からすれば大叔母にあたる。それを継室にするのは、不埒といわれてもしかたがない。吉宗はあきらめ、いったん竹姫を養女として、薩摩藩主の島津継豊に嫁がせた。

薩摩藩では吉宗の影響力が強くなることを恐れたのか、さまざまな条件を出して、この話をことわろうとした。ところが、吉宗はその条件をすべて飲み、このいとしい竹姫を手元から手放してしまったのである。

吉宗は、夫がいた大奥のお女中に惚れて、むりやり離婚させた

前項では吉宗の悲恋について紹介したが、それとはまったく正反対のイメージをつたえる話も残っている。

根岸肥前守の『耳嚢』（これは現在、岩波文庫などで広く出まわっている版には載っておらず、元本といえるもののほうに載っている）によると……。

大奥の湯殿でひかえていた下っぱの女中が気に入った。今宵はあのものを呼べとなっ

て、お年寄がその女にそのむねをつたえた。ふつうなら大喜びである。

ところが、女はちがった。

「わたしには夫がおります。どうあってもおうけできません」

というのだ。たしかに、女は関東郡代伊奈半左衛門の手代某の妻だった。

だが、それでは大奥の権威がなりたたぬと、むりやりその手代に離縁状をかかせ、吉宗はこの女を側室にした。

この手代には、二百石が与えられることになったという。

事実としたら、なんともひどい話である。

だが、将軍の権力をもってすれば、こんなことは朝飯前だったろうし、精力あふれる吉宗であれば、あったとしても不思議でない話である。

ただし、当初はともかく将軍は、大奥ではなく中奥で風呂に入るのがふつうで、そこからして真偽の判断が難しい。もっとも、吉宗は異色の将軍で、他の将軍ほどしきたりにがんじがらめにはなっておらず、こうしたこともあり得たかもしれない。

この逸話を、江戸研究家の三田村鳶魚《えんぎょ》は「不良将軍吉宗」というタイトルで紹介している。吉宗という人は、歴史家や小説家にもおおむねよく書かれることは多いが、鳶魚は手厳しくやっつけている。

だが、わたしはこれも吉宗の一面をいいあてていると思う。

将軍になってずいぶん生真面目にはなったが、紀州時代のふるまいを見たりしても、吉宗は《不良》の要素もたっぷり持った人だった。

不思議なのは、この同じ話が『徳川実紀』の中の「有徳院殿御実紀」によると、まったくちがう結果になっていることである。

つまり、女はついに吉宗の要求をうけつけなかったというのだ。吉宗はこの女の態度に感心し、立派であると、褒めたたえたそうだ。

同じ話が後半はまったくちがう。どっちが本当なのか。

『徳川実紀』というのは、幕府の書いた将軍たちの伝記のようなもので、変な逸話などはたいがいカットされたり、脚色されたりしていると思ったほうがいい。

やはり、根岸肥前守が書き留めたもののほうが、真実ではなかったか。

吉宗は、大イノシシを殴り殺したことがある

徳川吉宗という人は、見上げるほどの大男で、身長は六尺をこえていたという。百八

十センチ以上である。

江戸時代というのは、日本の歴史の中でいちばん小柄な人が多かったという説もあるが、百五十センチ台の男が多かったころである。

よく坂本竜馬が「雲をつくような大男だった」といわれるが、実際は百七十センチくらいだったと推定されている。それを百八十センチ以上なのだから、いまなら二メートルもあるような巨漢に見えただろう。

『暴れん坊将軍』の松平健さんもずいぶん大きな人のようだが、まさにあんな感じだったのだろう。ただ、あんなにハンサムではなかったはずである。

吉宗は大きいだけでなく、力もあった。

紀州にいたころ、力士と相撲をとっても負けなかったという。

「有徳院殿御実紀」には、驚くべきエピソードが記されてある。

吉宗が狩りに出たとき、突然、大イノシシが飛び出してきた。

周囲の者はあわてふためくばかりで、なすすべもない。

すると吉宗は、鉄砲をつかんで暴れるイノシシの前に立った。

鉄砲を撃ったのではない。銃口のほうをつかみ、

「てやーっ」

と、台尻を思い切って振り下ろした。

これで大イノシシはころり。ただ一撃。鉄砲で撃ち殺したのではなく、台尻で叩き殺してしまった。

仕留めたイノシシは持ち帰ることにしたが、人夫が十五、六人でやっとかつぐことができたほどの巨大なイノシシだったという。

豪傑岩見重太郎のヒヒ退治さながらではないか。

吉宗の巨体と怪力は、どうやら母親ゆずりだったようだ。

母はお由利の方というが、彦根の町医者の娘とも、紀州にきた巡礼の娘とも、地元の百姓の娘ともいわれる。いずれにせよ、あまり身分の高い家の生まれではない。

城下の大立寺《だいりゅうじ》で育ち、三十近くなって、大立寺の白雲和尚から藩主光貞の御湯殿番の仕事を紹介された。

御湯殿番というのは、藩主の身体を糠袋で磨きあげるのだが、体力がないとてもつとまらない。お由利の方は、身体も大きく、力もあったので、この仕事にいいかと紹介された。

ところが、その健康美に魅せられたのか、光貞の手がつき、吉宗が誕生した。

かくして、病弱でひよわな男が多い将軍の中に、異色の怪力将軍が出現したのである。

吉宗に拝謁した象の糞は、薬として販売された

享保十四年(一七二九)、長崎に象がやってきた。吉宗がなんとしても見たいと、中国商人の鄭大成という者に依頼して輸入したのだった。あまり先祖の悪口をいいたくないが、どうも権力者には珍獣を集めたがるという傾向があるような気がする。

最初、雄雌の二頭がきたのだが、雌のほうはすぐに死んでしまった。日本に象がきたのは、初めてではない。室町時代と、桃山時代にもきて、京都の人たちにその巨体をさらした。

三度目の象は長崎を出ると、まず京都にいき、ここで中御門天皇や皇族方に拝謁した。つづいて、東海道を江戸までやってきて、江戸城において吉宗をはじめ諸大名が見物した。象はこのとき八歳で、まだ子どもといってよく、吉宗が期待したほどには大きくなかったらしい。

吉宗は象を繁殖させたかったのだが、雌が死んでしまったのでどうしようもない。そ

の後、象は江戸の浜御殿で飼われていたが、発情期になって象使いを投げ飛ばし、殺してしまうという事件が起きた。

　幕府ではもてあまし、中野村の源助という男に払い下げることになった。

　この源助というのは、象が民間に払い下げになると決まると、さっそく象の糞をもらい、これを薬として売って、大儲けするような目端のきいた男だった。

　ちょうど享保十五年に麻疹や天然痘がはやった。このとき、「白牛の糞を塗るときく」という噂があったが、源助は、

「白牛よりは白象のほうがもっときくぜ」

と、象の糞を麻疹と天然痘にきく《象の泪》という薬として売り出した。一山十六文。これが売れに売れたという。

　幕府は厄介払いができると、この象を源助に下げ渡した。源助にはいっしょに年三百両という餌代まで与えられた。この象が飼育されたところは、かつて生類憐みの令のとき、野良犬を育てる巨大な犬小屋がつくられた場所だった。

　ところが、源助はしばらくは中野村で見せ物などにしていたが、餌代を着服してろくなものを食わせない。

　とうとうこの象は、日本にやってきたときから十三年後の寛保二年に、栄養失調で死んでしまった。

なんとも哀れな話である。

なお、吉宗が海外から取り寄せた動物は象だけではない。アラブ馬、虎、狩猟用の大型犬、小さな愛玩犬、孔雀、ダチョウ、インコなど、珍しい動物をオランダ人に命じて輸入させていた。

吉宗は、大奥のリストラで、美女を馘にして、ブスばかり残した

大奥には三千人の美女がいたなどといわれるが、それは中国の話である。それでも三百人から八百人ほどの奥女中がいた。

吉宗は将軍として大奥にはいると、まず、選り抜きの美女の名を書き出して提出せよと命じた。

美貌に自信のある女たちは、期待に胸をふくらませる。吉宗の手がついて子どもを出産しようものなら、いっきにお部屋さまへ大出世である。

大奥では美女五十人を選りすぐって、名簿を吉宗に提出した。

ところが、吉宗はこの名簿を受け取ると、不思議なことをいった。

「ご苦労であった。では、この名簿にある者たちを解雇せよ」と命じたのである。

わざわざ美女を選んで、なぜ馘にしなければならないのか。皆、不思議だった。

だが、吉宗のいいぶんはこうだった。

「大奥の費用を減らすため、人を削減したいが、美女ならば大奥を馘になっても、いくらでももらってくれる者があるだろう。だが、器量の悪い女はなかなかそうはいかない。だから、そんな女たちは大奥に置いてやるがいい」

ふつうは美女だけ残してといきたいところだろうが、さすが吉宗である。名君登場という期待を持たせるような大奥へのデビューである。

それに、吉宗の女性の好みは、あまり顔には重きをおかなかった。だから、選りすぐりの美女たちも、さほど惜しいとは思わなかったのだろう。

だが、吉宗はメンクイではなかったというだけで、女性が嫌いだったわけではない。それどころか、かなりの早熟で、紀州時代から多くの女性に手を出していた。綱吉が生きていたころ、

「吉宗さまは放蕩がすぎるという噂ですから、隠居させたほうがよろしいのでは」

と三度におよぶ伺いが出たほどだった。それを綱吉が、

「若いので仕方あるまい。しばらく見合わせよ」

と取りなしてくれたので助かったほどだった。

このため、後に天一坊なるご落胤を名乗る男が現れたとき、

「身に覚えがある」

といったため、話はこじれにこじれたのだった。

手近な奥女中にもしばしば手を出してしまい、懐妊してしまった女中も十人ほどはいたという。この女たちは、身ごもったまま、家臣たちに下げわたされた。

そのうちの一人に、田沼専左衛門という者がいて、この田沼家で育てられたのが、あの賄賂政治で有名な田沼意次だという驚くべき説もある。

吉宗は、朝飯の残りを捨てず、おやつがわりに食べていた

吉宗は幕府の財政を建て直すため、家臣や民に質素倹約を奨励した。しかも、初代家康を見習い、自らも質素な暮らしをおくった。

肌着は夏も冬も木綿で、それに太い糸で織った粗末な縮み帷子《かたびら》を着る。むやみな装飾や派手な色柄のものも、いっさい身につけなかった。

あるとき、お側衆の北条対馬守が綸子《りんず》のひとえを着て、吉宗のもとにやってきた。吉宗はじっと対馬守の衣服に目をやったまま、一言も発しない。吉宗という人は、大きな声で家臣を怒鳴りつけたりすることはほとんどなかった。

「………」

じろりと対馬守を睨んだまま、あとは長い沈黙。

これには対馬守もいたたまれず、あわてて退散するしかなかった。

同じく老中の阿部豊後守も、吉宗のところへきて政治についての相談をしていたが、そのうちに豊後守の派手な着物に目をやったまま、なにもいわなくなった。

「………」

豊後守は自分の着物を見ているのだと気づくと、こちらも急いで退散した。

将軍がこれでは、家臣たちはとてもじゃないが、見栄えのする衣服など着るわけにはいかなかった。

食事も同様である。

たとえば、朝は焼いたメシにトウガラシミソ、夕は一汁一菜と酒少々、といった具合だった。メシは玄米である。

しかも、朝に残したメシは取っておいて、その後、お腹が空いたときに食べたりした。吉宗のころは、一日三食がふつうになっている。

だが、吉宗は二食で充分だとして、しかも腹一杯食うことをいましめた。

吉宗は、身長百八十センチを越す堂々たる巨漢だった。それでは腹が空いたことだろうと思うが、紀州の殿様だったころから、一日二食に慣れていたという。

城では老中たちにも食事を出していたが、これも一汁一菜に節約させた。贅沢になれきった老中たちは、さぞかし落胆したはずである。

しかも吉宗は、倹約の精神で江戸城の隅々にまで目を光らせた。

あるとき、将軍の御膳部では、一日に二十本のかつおぶしを使うということを誰かから聞いた。

係の者は三本ほどやっとけずり終えた。そこで係の者を呼び、居間の縁先でかつおぶしをけずらせてみた。

「わかった。一日、五本もあれば充分だろう。すでに充分な量がけずられている。以後、そのようにいたせ」

と、直々にかつおぶしの量まで倹約させたのだった。

家重は髪はぼさぼさ、いつも不精髭だった

九代将軍家重は、八代将軍吉宗の長男である。幼名を長福丸といった。生まれつき病弱で、言葉がはっきりせず、周囲の者は、

（これで将軍職を継げるのだろうか……）

と心配した。

しかも、次男の宗武が出来がよかったため、下手をすると後継者争いも勃発しかねなかった。だが、吉宗は断固、家重を後嗣とするとした。

将軍の逸話をつづった幕府公式の『徳川実紀』で、いちばん逸話が少ないのは家重である。これは、むしろ家重に変な逸話が多すぎて、徳川の権威のためには書くことができなかったのではないか。

家重は、油でびしっとしていなければならない髷が、油をつけないため、いつもボサボサだった。また、髭も剃らないため、いつも不精髭。これでは、将軍様というより、

浪人者である。

言葉のはっきりしない家重には、いつも側用人の大岡忠光が寄り添った。なぜか忠光だけは、家重の言葉を理解できたのだという。しかも、忠光は物真似が得意で、しばしば家重を笑わせていた。このため、大岡忠光は三百石の旗本から岩槻二万石の大名にまで出世していた。

家重は、女性は好きだったらしい。毎日、女たちと酒宴をひらき、夜のほうも頑張りすぎて「腎虚」になってしまったともいう。

そのせいかどうか、小便が近くて、寛永寺や増上寺にお参りするときも、途中の道に二、三カ所の仮設トイレを設置しなければならなかった。江戸っ子は露骨に、

「小便公方がきたぞ」とか、

「あれはあんぽんたんだな」

などとひどい悪口をいっていた。

お医者さんで小説家の篠田達明氏は、

「家重は脳性マヒではなかったか」

と推理している。脳性マヒの患者には、しばしば知能の高い人がいて、家重も将棋が強かったり、その可能性が高いのだそうだ。

とすると、言語がはっきりしなかったりすることが、自分でも苛立たしかったのでは

ないか。なまじ、将軍職にあったため、かえって可哀相なことになったような気もする。家重は、将軍職にあった十六年間をつつがなく過ごし、長男の家治に将軍職をゆずったあと、病いで亡くなった。心配されたわりには、無難につとめあげたのである。

徳川家で、最初に煙草を吸ったのは、家重である

日本に煙草がつたわったのは、ザビエルがきたときだという説もある。ザビエルといっしょにきたポルトガルの船員がケムリをはいていたので、

「南蛮人は腹の中で火を焚いている」

と、びっくりしたそうだ。

だが、日本人で最初に煙草を吸ったのは……少なくとも徳川一族では……意外に家康である可能性もある。

慶長六年（一六〇一）にスペインの宣教師カストロが、家康に贈り物を献上した。その中に煙草とその種子《タネ》が入っていたという。献上された家康が、一服ふかしてみたとし

ても不思議ではない。煙草は薬としてつたわってきたのだから、健康オタクの家康だったら、なおさらではないか。

しかし、家康の口には、合わなかったのかもしれない。すぐに、「火事の原因になるばかりか、風紀も乱す」として煙草を嫌忌した。

また、一般的にも、煙草を吸いつづけるうちに、ニコチン中毒になることがわかってきて、煙草は「狂い草」とか「あほう草」などといわれるようになっていった。二代秀忠は、家康のいうことにはさからわないから、さっそく慶長十二年（一六〇七）には禁煙令を出している。

禁煙令は、その後もしばしば出された。それだけ、煙草を吸う者が多くなっていたということだろう。

慶長十七年（一六一二）に出された禁煙令では、罰則がぐんときびしくなり、「タバコを売買した者は家財没収」とまで通告した。

それからずっと、幕府は煙草を禁止したが、吉宗の代になって、煙草の栽培が自由化された。農作物の商品化を振興したのだ。

そんなことから、徳川家のなかでも、煙草のタブーが消えたのだろう。『徳川実紀』

を読むと、十代将軍の家治のところで、

「煙草は先代から吸いはじめた」

と書かれてある。ということは、将軍で最初に煙草を吸ったのは、家重ということになる。煙草道具も贅沢で、「火蓋は真鍮製で、煙筒は銀製のものだけを使っていた」そうである。

十三代の家定のときの記述を読むと、すでに大奥ではつねに煙草盆がおかれ、将軍や御台所は、食後に二服するのが習慣になっていたという。

家治は畳に字を書いて、祖父吉宗に気にいられた

十代将軍家治は、失礼な言い方かもしれないが、父の家重には似ず、非常に聡明な少年に成長した。長男にはがっかりさせられた八代将軍の吉宗も、長男の孫にはおおいに期待をかけたようすである。

その家治が十歳にもならぬころ、吉宗の目の前で字を書いてみせたことがあった。

家治は筆にたっぷりと墨をふくませ、その紙に大きく「大」という字を書いた。「龍」と書いたという説もあるが、『徳川実紀』には「大」とある。ところが、あんまり大きく書きすぎて、紙におさまらなくなってしまった。

まわりにいた家臣ははらはらしている。吉宗が家治を試しているのはわかっている。徳川の後継者としてふさわしいか、見極めようとしているのだ。

だが、家治はまるであわてることなく、最後は畳の上にはみ出して、筆を置いた。

家臣たちもこれにはびっくり。内心、

(これは、駄目だ……)

と、頭をかかえた。

ところが、吉宗は喜んだのである。

「この子は気宇壮大であるぞ。将軍の子にふさわしい」

しかし、これは将軍候補の子どもだからいえることで、もしも普通の家に生まれた子どもだったら、

(畳に字を書くバカがこの先、大丈夫だろうか……)

と不安になるにちがいない。

家治が気宇壮大であったことでは、こんな逸話もある。

家治が風呂に入っていたとき、世話をしていた根来内膳という者に、

「隣近所とはうまくいっているか？」と訊いた。

「隣は同役の平岡と三淵というものですが、どちらもうまくやっております」

「うらやましいのう。わしは隣が何を考えているのかまるでわからぬし、どうやって付き合えばよいかもわからぬのだ」

根来は、恐る恐る訊いた。

「お隣というのは、田安さま、清水さま、一橋さまでしょうか」

すると家治は、大真面目な顔でこうこたえたのだった。

「そうではない。支那、朝鮮、天竺、和蘭のことじゃ。ほかにもあるそうだが、さて、どうやって付き合うべきかのう……」

家治は、自分で詰め将棋の本を書いた

十代将軍家治は、父家重には似ず、文武にすぐれ、むしろ祖父の吉宗の血を強くうけついでいるようだった。

ただ、吉宗が仕事第一の人だったのに反し、家治は趣味のほうに没頭しがちだった。囲碁、将棋とも得意で、とくに将棋には熱中した。

『徳川実紀』には、こんな記述もある。

「晩年にいたって、暇なときの楽しみとして、いつも将棋をした。伊藤宗印、宗鑑、大橋印寿をめして、相手をさせた。家治公はもともと英明だったので、すぐに奥義をきわめた。

後には、詰め将棋の本まで書いた。詰め将棋の本などは、よほど老練の腕にならなければ書けないものなのに、わずか一、二年で書いてしまうとは、と将棋の棋士たちも恐れ入ってしまった。

この書は、成島成八郎という者に命じて、『象棊攷格』と名づけさせた。いまも御文庫に現存する」

とある。

家治の父の家重も、言葉が不自由だったとかいろいろといわれてはいるが、将棋はうまかった。『象棊攷格』には家重のつくったものも入っているらしい。

そもそも徳川家では、家康が将棋好きだった。そのころは、将棋のスタイルもいくつかあって、家康が熱中したのは中将棋と呼ばれるものだったらしい。その後、スタイルは徐々に統一されていったが、幕府は将棋役というものを設置して、家元制度のようなものにして保護してきた。

前の文章中に、伊藤宗印、宗鑑、大橋印寿という三人の名が出てきたが、これが将棋役の人たちである。家康にかわいがられた京都の将棋指しだった大橋宗桂の子孫が、別家を立てたりし、大橋の二家と伊藤家という三家が、江戸幕府の下で将棋役として世襲されるようになった。

将棋界の頂点である名人も、この三家の当主から選ばれ、どんなに実力があっても他の人たちは名人位につくことはできなかった。

家元制度のよしあしはあるが、将棋の保護ということでは、徳川家はかなりの貢献をしてきたのだ。加賀藩や安芸藩、尾張藩などでは、将棋の面白さに熱中して、仕事がおろそかになってはいけないと、禁止令を出していたこともあったほどなのである。

家斉は、なんと五十五人の子どもをつくった

わずか十五歳で十一代将軍となった家斉《いえなり》は、将軍在職五十年という最長不倒記録をつ

くり、大御所となった四年後に六十九歳で亡くなった。

家斉の正室は、薩摩藩主島津重豪《しげひで》の娘・ただ子。家斉とは同じ歳で、四歳のときに婚約し、十七歳のときに正式に結婚をした。だが、ただ子には子どもは一人しかできなかった。しかも早世している。

その分、ほかで頑張った。家斉は、なんと四十人の側室をかかえた。これは知られているかぎりの数である。ちょっとつまみ食いをしただけという女性の数を入れたら、もっと多いはずである。

大奥の女性の数は、将軍や時代によってもだいぶちがうが、もちろん家斉のときがもっとも多く、推定八百人ほどに達したという。

大奥にとっての黄金時代だったろう。

四十人の側室のうち、十六人の側室が、男子二十八人、女子二十七人、計五十五人の子をつくった。もちろん徳川家の将軍の中で最高記録である。

ただし、江戸時代のことだから、無事に育つ赤子の数はそう多くなく、成人したのは男子が十三人、女子が十二人。半数以上は、幼くして亡くなってしまった。

なんとも凄まじい数に思えるが、強大な権力を持った男であれば、まだまだその記録はのばすことができたはず。

実際、『ギネスブック』を見てみたら、やはり凄い記録があった。十七、八世紀のモロッコの皇帝モーレイ・イスマイールは、一七〇三年の時点で、五百二十五人の男児と三百四十二人の女児、合わせて八百六十七人の子どもをつくった。わが子だけで近衛軍団ができてしまう。

こんな凄まじい御仁と比べたら、家斉などはつつましいものではないか。

それに、子どもが多くても、これを全部、大奥で育てるわけではない。息子は養子にだし、娘は大名たちに押しつける。

こうして譜代の大名の家は、家斉の子どもだらけになってしまった。

「あげる」

といわれたほうは大変である。

「いえ、けっこうです」

とはいえないのだ。将軍の子をもらうとなれば、住むところやらなにやら、いろんな準備をしなければならない。とくに娘をもらうときには、大奥からおつきの女性がぞろぞろといっしょにくっついてくるのである。

尾張に淑姫という家斉の長女が嫁いだときは、なんと七十一人もの大奥の女たちがついていったという。この女たちの面倒まで全部見なければならないのだから、尾張はさぞかし頭をかかえたことだろう。

しかも、淑姫が嫁いだのは尾張徳川家十代の斉朝《なりとも》だったが、その跡継ぎとして家斉の十九男の斉温《なりはる》をおくりこみ、さらには斉温の跡継ぎとして、家斉の十一男の斉荘《なりたか》までおしつけてしまった。つまり、淑姫、斉温、斉荘は親、子、孫の関係だが、じつは姉弟なのだ。しかも、子の斉温よりも孫の斉荘のほうが年上というから、なんとも複雑怪奇なことになってしまった。

家斉もまた、初代家康を見習ったらしく、寝床でがんばるだけではなく、健康にも細心の注意をはらった。

毎朝、庭を散歩し、乗馬や打毬で汗を流し、冬でもできるだけ薄着を心がけた。とくに馬術は巧みで、鷹狩りにいっても、老練の鷹匠ですらかなわないほどの奥義をきわめていたともいう。

また、安房嶺岡の天領で育てていた乳牛からとったバターやチーズを食するなど、食べ物にも気をつかった。

酒は好きだが、三杯以上は絶対に飲まなかった。

ほとんど完璧な健康管理である。これで大奥にせっせとかよったのだから、なにか胸うたれるものがある。

家斉は「下半身」にもろさはあったが、なかなかの名君だった？

十一代将軍家斉は、どうしても側室の多さばかりが話題にされ、《性豪将軍》だとか《オットセイ将軍》などというありがたくないあだ名ももらっている。

だが、下半身のもろさはさておき、治世という点から見れば、なかなかの賢君だったと見る人もいる。

事実、それを証明するような逸話も多く残っている。

あるとき、家斉のお気に入りの牡丹を、掃除番があやまって折ってしまった。これは大変なことをした、下手をしたら切腹かもしれない、と掃除番は真っ青である。

家斉がやってくると、すぐにそれを見つけてしまった。

周囲の者は、どうなることかとハラハラしたが、家斉は、騒ぎたてることもなく、

「おお、枝が折れたら、かえって枝ぶりがよくなったのう」

と、咎めたりはしなかった。

また、あるとき、近習が、

「上様は毎年、初夏に王子へいかれますが、春にいかれてはいかがですか。飛鳥山の桜がたいそう美しいですのに」

と言上した。すると家斉は、

「たしかに桜は美しかろう。だが、飛鳥山の桜は、多くの庶民が楽しむところだ。わしがいけば、二、三日前から人の往来を禁じたりして、庶民の楽しみを奪うことになる。これは隅田川でも御殿山でも同じことだぞ」

とこたえた。これには近習も恐れ入ったという。

家斉は、三国志の諸葛孔明の像を、吹上の滝見茶屋のところに置いて、これを眺めるのを楽しみにしていたことがあった。

あるとき、

「いまは孔明のような賢臣はおらぬのう」

と、ため息をついた。

家斉の周辺には、中野清茂（石翁《せきおう》）、水野忠篤、美濃部茂育《もちなる》などの寵臣たちがいて、側近政治をおこなっていた。

その彼らもいたかどうかはわからないが、ちょうどその場にいた者たちはいたたまれない。すっかり恐縮すると、家斉は笑っていった。

「これも上に、劉備玄徳のような名君がおらぬからだろうな、ハッハッハ」

家斉はよほど三国志が好きだったらしく、自分でも孔明の絵を描いて、そこに詩を書きそえたり、三国志絵巻の制作を命じたりしていたほどだった。

家慶は、何を訊いても「そうせい」と答えるだけで、「そうせい様」と呼ばれた

十二代将軍家慶《いえよし》も、二代将軍秀忠と似たような苦労を味わった。

家慶が将軍になったときは、すでに四十五歳になっていた。父の十一代将軍家斉はやっと将軍職をゆずってくれはしたが、大御所として健在で、家慶がなにかいっても、とおりそうもない。このため、ほとんどやる気もおきず、家臣のいうことにも、

「そうせい」

と、こたえるばかりだった。

そこで、陰では、「そうせい様」とあだ名されていた。

人まかせということでは、四代将軍家綱も同様で、老中のいうままに、

「さようせい」

と応えるのがつねだったため、こちらは、「さようせい様」といわれた。

だが、家綱は凡庸だったわけではない。家光と綱吉にはさまれて目立たないが、人格的にもすぐれた名君だったと見る人も少なくない。

徳川家以外にもいる。

幕末の長州藩の藩主だった毛利敬親《たかちか》も、家臣のお伺いにはみな、

「そうせい」

と応えるので、「そうせい公」と呼ばれた。長州藩が倒幕の先頭をきり、明治維新を実現したのは、むしろこういう藩主のおかげといってもいいのではないか。

だいたい殿様が自分で考えてやるようなことは、良策とはいえないことが多いものである。そんな殿様の下では、家臣たちも頭を抱えることが多かったはずだ。

徳川家康もすべて自分で決断したように思えるが、家臣の意見はよく聞いた。

関ヶ原の合戦前の、小山評定のときも、さんざん家臣に好き放題議論させ、ようやく結論が見えてきたころに現れて、その結論に乗った。家康はそんなふうにして、時代の波にも乗った気がする。「そうせい様」は、日本型の民主主義の原型といえなくはない

だろうか。

なお、家慶だが、昭和三十五年（一九六〇）に芝増上寺の墓が改修されたとき、将軍家の墓も調査がおこなわれた。

このとき、家慶の骨もつぶさに調べられたが、身長こそ百五十三・四センチと小柄だが、その頭蓋骨は大変に大きかったことがわかった。現代人の頭蓋骨の容量の平均がおよそ一五五〇ｃｃなのに、家慶の頭蓋骨は一八二〇ｃｃもあった。しかも、恐ろしいくらい顔が長かった。

小さな身体に大きな長い顔をのせて、家臣のいうことにのっそりとうなずくさまは、さぞかし鷹揚な将軍に見えたのではないか。

家定はお菓子づくりが趣味で、家臣に食べさせては喜んでいた

ペリーがやってきて、開国の要求を記した手紙を渡し、いったん日本を去る。その十

日後に、十二代将軍家慶が六十一歳で亡くなった。あとを継いだのが、十三代将軍家定。いよいよ日本が、激動期を迎えようというときの将軍である。

だが、この家定には、奇妙な趣味があった。それが料理をつくることだった。料理が知的な仕事で楽しいこともわかるが、激動期の将軍の趣味には、あまりふさわしくないような気がする。

家定は、しばしばサツマイモやカボチャ、豆などを煮ては、家臣たちに食べさせた。ほかにも、饅頭やカステラなどのお菓子をつくったりもした。

これがうまいなら、まだいい。どうも煮加減を見るのが苦手らしく、いつも生煮えでまずかったらしい。

家定が三十二歳のとき、側近の一人が、大老の井伊直弼にあの趣味をなんとかしてやめさせたほうがよろしいのでは、と忠告した。

井伊はどんな忠告をしたのか、家定が料理をやめることはなかった。

明治になって、旧幕府に関わりのあった人に江戸時代のことを訊いた『旧事諮問録』という本には、家定のもっと不可思議な行動が語られている。

将軍になる以前のことだが、父・家慶が病気になったとき、家定は毎日、自分でお粥をつくり、それを食べさせた。炊きあがりぐあいを確かめるときは、粥に指を突っ込んだりして、御膳番をびっくりさせたと書いてある。

もっとも家定にしたら、粥のたきあがり具合を指触によって確認したのだろう。粥のいのちは、そのかたさなのだ。

だいたいが料理の達人は、熱いものには慣れているものだ。東京の高名な料理の達人の中華料理店の料理長級ともなれば、煮えたぎった油をしゃくって味見をするなど、普通人にはできないことを何でもなくできるのである。もしかしたら、家定の料理は、達人の域に達していたのかもしれない。

また、障子に穴をあけて、そこから父がお粥をちゃんと食べるかどうか、のぞき見をしていたという。

そこらあたりは子どもっぽくて、激動期の将軍にしては、少したよりない。

しかも、家定は子どものときに患った疱瘡のおかげで、ひどいあばたづらで、醜かったという。それに言葉はどもりがちで、ひどいカンシャク持ちだった。これでは、女性にもあまりもてなかっただろう。

三度、結婚はしたが、はじめの二度は奥方になった女性が若くして亡くなってしまった。子どももできないので、跡継ぎも決まらない。

家臣にも軽視されていたらしく、老中の久世広周《ひろちか》という人は、跡継ぎができないことを心配した越前の松平春嶽に対して、

「なにせ子どもをつくる元になる根がないのですから、どうしようもないですな」

などといったという。真偽のほどはわからないが、そういうことをいわれる家定もかわいそうというか、情けないというか、気の毒である。

第三章　最後の将軍は毀誉褒貶

当時の人たちも「慶喜」をなんと読むのかわからなかった

子どものころ、日本史の授業で、「徳川慶喜」の名が出てきたときに、なんと読むのかわからなかったという人が多いらしい。

無理もないだろう。

江戸時代の人たちも、わからない人が多かったらしい。いまでも「けいき」と音読みにする人も多いが、江戸時代にもそう呼ぶ人が多かった。武士は、呼び捨てにするのははばかられるので、「けいき公」と呼んだりもしていた。

もちろん、読みは「よしのぶ」である。

ところが、もしかしたら、それはまちがいである可能性もあるらしい。というのも、『維新史料綱要』という文献によれば、慶応三年二月二十一日に、「幕府、征夷大将軍徳川慶喜の音称『よしひさ』を布告す」というものが出されているからである。

慶喜が幼名から改名した当時は、「よしのぶ」と読んでいたのはたしかである。それが征夷大将軍になったら、「よしひさ」と読むようになったというのだ。

ということは、大政奉還をした徳川慶喜は、「とくがわよしのぶ」ではなく、「とくがわよしひさ」だったことになってしまう。

これでは、教科書などでも慶喜が登場するのは、たいがい大政奉還のところだから、「よしのぶ」とルビがあったら、まちがいということになるではないか。もしも、この読みのことを知っている受験生が、「よしひさ」と書いてバツになったりしたら、大問題に発展するかもしれない。

まったく不思議な話だが、真相はわからない。

ただ、おかしなこともある。慶喜の息子で家をついだのは「慶久」で、この人は「よしひさ」と読む。とすると、父子の名前は、漢字はちがうが、読みがいっしょということになってしまう。これは、ややこしいのではないだろうか。

そもそも徳川一族につけられる名前は、やたらと読みがむずかしい。わたしの名前にしたって、すぐに「むねふさ」と読んでくれる方は、なかなかいない。父は「達成」と書いて「さとなり」だった。ひいひい爺さんの「斉荘」は「なりたか」である。親戚以外に、誰もきちんと読んでくれなかっただろうと思う。

昔の人というのは、そういうことはあまり気にしなかったのだろうか。

そういえば、「西郷隆盛」もそれは親戚の人だかの名で、本当は「隆盛」ではなかったという話も読んだことがある。ただ、西郷という人は、別に名前がちがっているのも気にしなかったので、そのままになってしまったのだそうだ。

慶喜も西郷も、どちらも太っ腹だったのだろう。

徳川将軍のうち、神式の墓は家康と慶喜だけである

谷中には、徳川家の墓地がある。

将軍家や御三卿などでわかれていて、しかも正式に公開もしていなければ、案内板などもない。囲いがあって、すぐそばには近づけない。

ただ、徳川慶喜の墓だけは別である。

墓地の中ほどに鉄柵で区切られた一画があり、「徳川慶喜の墓」と表示も出ているので、こちらはすぐにわかる。

谷中あたりを散策する人も、ここはよく立ち寄るらしく、いつ いっても見物の人を見

かける。

変わった墓である。

「変なかたちだねえ」

などといっている人もいた。手足をひっこめた亀の甲羅のようにも見える。

お線香を手向けてお祈りしていく人もいるようだが、それはやめたほうがいいかもしれない。慶喜の墓は神式のもので、参拝するときも神社に詣でるときのようにすべきなのだ。

慶喜が亡くなったときは、上野寛永寺に新設した斎場で、神式にのっとって葬儀がいとなまれた。葬儀委員長をつとめた渋沢栄一によると、会葬者は六、七千人を超え、「明治天皇の大葬に次ぐほどの盛儀」と言う人もいたという。。

これまでの将軍は家康、家光の二人の墓が日光にある以外は、寛永寺かあるいは芝の増上寺にお墓がある。慶喜は新しくつくった谷中の墓地の一画に埋葬された。それは、寛永寺側が徳川家を滅亡させた慶喜を、お寺に入れるのをこばんだから、という説もある。

だが、葬儀は神式でおこないたいといわれた寛永寺もさぞかし困ったことだろう。

このときは、彰義隊の生き残りなど、旧幕臣たちが、

「寛永寺が、前の将軍の葬儀を拒否するのかっ」

と怒鳴り込んだりもしたらしい。

ただ、徳川の将軍で神式の墓にいるのは慶喜だけではない。初代の家康が、仏式ではなく神式であり、それを祀ったのが東照宮である。

慶喜は、子どものころから、尊皇思想を叩きこまれた。神式を選ぶのはそのせいかもしれない。墓を見ていると、徳川幕府に終止符をうち、初代のところに帰ったかのような気もしてくる。

慶喜は女性ふたりとYの字になって寝た

徳川慶喜は、幕府をつぶしてしまった張本人ということで、旧幕臣にも怨む者は少なくなかった。このため、慶喜を暗殺しようとした者もいたという。

慶喜は将軍の座からおりて、いったん水戸にいったあと、新たに徳川家の宗家に入った徳川家達《いえさと》とともに静岡に行った。

そのころのことである。

慶喜には、美賀子という正室のほかにお信とお幸というふたりの側室がいて、寝るときには正室といっしょではなく、側室の二人といつもYの字になって寝ていた。川の字で寝るとはよくいうが、Yの字は聞いたことがない。

これは、暗殺者から身を守る手段だったらしい。

夜中に暗殺者が忍びこんできたとき、真っ暗だとどれが誰の頭かわからない。

しかも、Yの字だと、部屋の四方のどこから入ってきても、誰かにぶつかるから、気がつく可能性も高くなるのだそうだ。

大名たちにとって、暗殺の危険性は、そう突飛な妄想というものではなかった。

慶喜にしても、子どものころのしつけで、いざというときに利き腕である右腕を斬り落とされないよう、右手を下にして、必ず右向きに寝た。

さらに、真綿入りの羽二重蒲団二枚の上に寝たが、その下には厚さ一尺にもなる藁蒲団をしいた。これも、床下から刀を突きたてられても大丈夫なようにするためだった。

それくらい、起こりうることだったのだ。

また、慶喜はどこへ行くのにも、医者が検査した水と茶器とアルコール・ランプを持参していた。これでわかした湯茶以外は、決して口をつけなかったという。

これも、毒殺を防ぐための手段だったという証言もある。

そうではなく、疫病の感染を恐れたためだと見る人もいるが、慶喜が暗殺や毒殺を警戒していたのはまちがいない。

ちなみに、わたしは夜中のかすかな物音でも、すぐに目を覚ましてしまう。わたしの家内は、よほどの物音でないと目が覚めないが、地震には敏感だ。

しかも、ふつうは目が覚めたあとはなかなか動けなかったりするが、わたしはすぐに飛び起きることもできる。

こういう習性というのは、

（もしかしたら、わが家のご先祖さまからつたわってきた遺伝子のせいではないのか）

と思うときがある。つまり、ご先祖さまたちにも、かつて暗殺に怯えるような日々があって、進化論のように暗殺を警戒するＤＮＡが組み込まれてしまったのではないか。

慶喜は、大奥の女たちからとことん嫌われていた

徳川慶喜は、将軍としてはただの一歩たりとも大奥に足を踏み入れなかった。大奥がなかった家康をのぞいて、そんな将軍は他にいない。

慶喜は京都にいるときに将軍になり、大政奉還して将軍の座を降りてから江戸にもどってきたのである。

したがって、自分の大奥をつくる時がなかった。

だが、もしも慶喜が大奥に入っていたら、ずいぶんと居づらい雰囲気を感じてしまったのではないか。というのも、大奥では慶喜の評判がひどく悪かったからである。

理由の第一は、すでに亡くなっていたが、慶喜の父である水戸の徳川斉昭の評判が恐ろしく悪かったことにある。斉昭はわがままで女好き、そのくせ質素倹約にはうるさいという、大奥の女たちがいちばん嫌うタイプだった。

その斉昭の子である。必ず同じような性格だと思われたのだろう。

事実、慶喜は将軍になると、大奥の多すぎる女たちを減らして、少しすっきりさせたほうがいいなどと言いだしていたので、大奥の女中たちはリストラされるのではと戦々兢々としていたのである。

加えて、慶喜が豚肉を好んで食べるということが知れ渡っていて、「豚を食う一橋」というので「豚一」などというあだ名まで囁かれていた。また、十四代将軍家茂が大坂城で死んだため、大奥では慶喜が殺したのではないかとさえ噂した。

十三代将軍家定の生母である本寿院は、

「慶喜様が将軍になるようなことがあれば、わらわは自害して果てます」

とまで言い切ったという。

これでは、大奥でもてるわけがないだろう。

すったもんだの果てに、大坂からもどって江戸城に入ったとき、慶喜の寝具がなかった。そこで最初の夜は、毛布二枚だけで寝た。

翌日、大奥に寝具をかしてくれとかけあったが、

「さしつかえがあるのでご用立てできません」

と断られている。あきらかに大奥の嫌がらせである。

仕方なく、慶喜は一橋屋敷から寝具をとりよせたほどだった。

ただ、慶喜は大奥でこそもてなかったが、女性にはけっこうもてたようすがある。それは不思議ではない。ここ何代かの将軍の中では抜きんでていい男だし、弁も立つ。慶喜の写真がたくさん残っているが、独特の威厳も感じられる。このときの大奥では、いわれのない反感を買ってしまったのだ。

慶喜はつくづく、悪い時代に将軍になってしまったらしい。

慶喜は、明治時代になると、二十以上の趣味に没頭し、大正時代まで生きた

徳川慶喜はもともと好奇心が強く、何にでも興味を持ち、自分でもやってみたくなるという性格だった。だから、将軍になる以前から、写真に興味を持ったり、タブーとされていた肉食を試みたりしていた。

それが、将軍職からおりて、静岡で謹慎生活をおくるようになると、「毎日が日曜日」だからとにかく暇を持て余し、ほとんど趣味の百科事典のようになっていった。

聡明であり、器用なところもある。くわえて負けず嫌いだからとことんまで熱中し、どの趣味もプロといえるくらいの領域までいった。

数ある趣味の中で、もっとも熱中したものは写真だったかもしれない。これは撮影から現像、焼き付けまでこなし、立体写真や着色写真にも手を染めた。しばしば静岡近郊を撮影で小旅行をし、当時の風俗がうかがえる貴重な写真をいっぱい残している。また、

写真コンクールにも作品を応募し、入選した実績もある。

このほか、めぼしいところをあげていくと……。

乗馬は、幼いころから好きだっただけに、幕末の京都では見事な馬術に多くの人が驚嘆した。

投網にも凝ったことがある。はじめての投網に失敗して、川に落ちて以来、庭で特訓に励み、ついには漁師も驚く見事な腕前になった。

油絵も手がけた。まだ材料もろくにそろわないころ、独学で見事な作品を完成させている。絵の題材も、風車のある風景だったり、日本には見られないような岩山にかかった石橋だったり、不思議なエキゾチシズムにあふれる。どうやら西洋の写真や絵を参考に、想像をふくらませたものらしい。

囲碁は、中川亀三郎というプロに個人教授してもらっていた。相当強かったという大隈重信が、慶喜と対戦したことがあったが、強さ、気品、大局観に驚愕したという。

弓も好きで、毎日、矢場に出ては、百本ほどの矢を射るのが習慣になっていた。

和歌は生涯に五千首ほどを詠んだ。

外国語にも取り組んだ。幕府の軍事顧問団がフランスだったこともあり、フランス語の勉強までしていた。

このほかには……。

サイクリング。狩猟。釣り。車。刺繍。工芸。陶芸。打毬。放鷹。将棋。能。書。俳句。日本画。鶴の飼育。楊弓。小鼓。

これで二十五にもなる。

このどれもが、プロも舌を巻くほどの腕前になったというのだから、慶喜という人はやはり異能の人であったのだろう。

慶喜は、枕の両側にカミソリの刃を立てて寝た

慶喜の父の徳川斉昭という人は、子どものしつけには大変きびしい人だった。本当なら大名の子は江戸で養育しなければならない。だが、斉昭は、

「江戸で育つと派手好みの軟弱な男になる」

といって、特別に願い出て、二歳から十一歳まで、水戸で自分の監視の下に慶喜を育てた。このころはまだ、七郎麿と呼ばれていた。

寝相が悪かったので、これをよくするため、枕の両側に剃刀が立てられた。

顔を動かせば、頬に傷がつく。自然、顔はまっすぐに上を向く。だが、恐ろしくてとても眠れないだろう。

慶喜は、ついに寝相の悪さを克服した。

もっとも、寝ついたあとで、侍女が剃刀をそっととりはずしていたという。

慶喜は藩校の「弘道館」で、文学、鉄砲、弓術、剣術、馬術などを学んだ。とくに馬術は、馬場だけでなく野山を走りまわれるよう鍛えられた。後年、京都で見せた慶喜の巧みな手綱さばきに、

「あれは大名芸ではないぞ」

と多くの人が驚嘆した。

子ども時代の慶喜のスケジュールは、忙しかった。

朝、起きるとすぐに「論語」など四書五経の素読をさせられ、読みおえてから朝食をとる。午前十時までは習字をし、それから弘道館で先生たちの教えをうける。

午後からはふたたび習字と四書五経で、夕方になってやっと遊び時間になった。

慶喜の遊びはもっぱら「戦さごっこ」と「火事ごっこ」という荒っぽいものだった。なお、火事ごっことは、おもに焚き火のことだったらしい。

学問を怠けると、お灸をすえられた。

だが、慶喜は学問がきらいで、お灸のほうが勉強よりましだと、まるで懲りなかった

という。

そのため、父の斉昭は、慶喜を座敷牢に閉じ込め、食事もあたえなかった。これでようやく、慶喜は学問にうちこむようになった。

弘化元年（一八四四）、斉昭は水戸の千波原で慶喜ら伜たちをつれ、追鳥狩を敢行した。これは、鷹狩りなどよりもっと軍事訓練に近いもので、幕府の不興を買った。

これが原因で、斉昭は隠居を命じられてしまう。

慶喜が一橋家の養子となったのは、その三年後のことだった。さらにその六年後に、いよいよ浦賀にペリーが現れるのである。

第四章　徳川家もラクじゃない

徳川の正しい字は、横棒が一本入る

「徳川」という名字は、本来、旧字の「德」という字を使う。戸籍でもそうなっており、これはわたしの家だけでなく、宗家も徳川慶喜家もみな、旧字の「德川」が正しい。

ところが、正しいはずの字がまったく使われなくなってしまった。

「齋藤さん」のように頑固に旧字を使っている人もいるが、「徳川」の場合は、小説も映像もすべて勝手に新字にされ、正しい字を書こうものなら、

「自分の名前をまちがえるなんて、本当に徳川の一族なの？」

と疑わしい目で見られたりする。

わたしのところに来る年賀状でも、正式の旧字で宛て名を書いてくださる方は、ほとんどいない。しらべてみたら、去年いただいた五百通ほどの年賀状のうち、横棒の入った「德川」を書いてくださったのは、たった四人だった。

実際、わたしのパソコンでも徳川の旧字は一度目では出てこない。「徳田さん」や

「徳江さん」の場合は一度目で旧字でも出てくるのだが、なぜか「徳川」はすぐには出ない。

そこで、そのまま横棒のない「徳川」を使ったりしているくらいだ。

いまや、教科書や歴史書でもすべて「徳川」で統一されているし、ご宗家でも新字体の「徳川」も使っておられるので、わたしもこれでいいかと思っている。

だいたい「徳川」という名のいきさつは、ずいぶんややこしい。

家康の本来の名は、「松平元信」であった。「元」は、人質になっていた先の今川義元から一字をもらった。その後、祖父の清康から一字をもらい、「松平元康」と改名した。戦国時代のドラマなどを見ていると、この名ででてくることも多い。桶狭間の合戦のときも、松平元康だった。

だが、今川義元が織田信長に討ち取られ、今川の麾下から離れると、「元」の字を捨てて、「家康」になった。

やがて、三河国を平定するが、このとき朝廷に対して、

「三河守護職に任じてほしい」

と願い出た。ところが、朝廷では許可してくれない。

「松平なにがしなんぞというのは、うさん臭い」というのである。

そこで家康は、氏素性をきちんとして……要するにいろいろと捏造して……もう一度、

申請し、今度は三河守に任じられた。このとき、松平の出身は上野国徳河郷であったとして、「徳川」の名に改めたのである。

なんだか、芸能人の芸名のいわれのようでもある。成り立ちからしてこうなのだから、棒一本のことでこまかくいっても仕方がないのかもしれない。

十五代将軍のうち、暗殺されたといわれる将軍が四人もいる

十五代の将軍たちの中には、不審な死をとげたといわれる人が四人もいる。江戸城という難攻不落の城に、がっちり守られていたように思える将軍であっても、足元には闇が存在していたのだろうか。

まず、五代将軍綱吉だが、神沢貞幹の『翁草』によると、奥方に刺殺されたのだという。

理由は、すでに家宣という跡継ぎがありながら、愛妾に生ませた幼い男の子を、次の

将軍にしようとしたからだった。奥方は側用人の横瀬なにがしという者をつれ、幼君と遊んでいた綱吉を説得にいったが、まるで聞こうともしないため、横瀬なにがしが幼君を抱き取って逃げた。綱吉が怒って、刀を抜いて追いかけようとしたところを、後ろからしがみついた奥方が、懐剣で綱吉を刺したというのである。

次は十代将軍家治である。

家治は、天明六年の春ごろから体調をくずし、奥医師たちの治療をうけていたが、症状はぱっとしない。そこで老中の田沼意次が、二人の町医者を急遽、奥医師にして治療にあたらせた。すると、まもなく家治は急死してしまう。『翁草』には、数百の奥女中たちがみな、田沼意次が毒を盛ったのだと騒いだと記されている。

平成十一年、朝日新聞で十三代将軍家定の毒殺説が取り上げられて話題になった。

家定が亡くなったのは、安政五年（一八五八）の七月六日。享年三十五とまだ若かった。しかも、家定の死は八月八日まで隠された。このため、早くから毒殺説がささやかれていた。

朝日新聞の記事では、発見された大奥の女中の手紙に書かれてあった中身が紹介されていて、それには「上様は毒薬で殺され、犯行には水戸、尾張、一橋、越前、さらに失脚した老中二人がかかわった」としている。以前から、水戸の徳川斉昭があやしいといわれていた。この手紙は、その噂が大奥でもささやかれていたことを示している。

この話は、最近、テレビで『大奥スペシャル幕末の女たち』という題で放映されたが、迫力のある力作だった。この番組では、将軍家定に拝謁にきた慶福《よしとみ》（のちの家茂《いえもち》）に、家定から賜った将軍手製のカステラが拝謁中に巧妙にすりかえられて毒入りカステラとなり、これを将軍の目の前で食した慶福が死にかけるという場面も演じられていた。

次は、十四代将軍家茂である。家茂は幕末の激動期に十三歳で将軍の座についた。混乱する時世に悩んだ家茂は、慶応元年（一八六五）十月、辞表を出したが、受理されなかった。その翌年七月、家茂は二十一歳の若さで急死。突然の死で、またしても暗殺説がささやかれた。

これらがもし事実なら、十五分の四の確率で暗殺が実行されたことになる。だが、それはそんなに驚くべきことだろうか。世界中、どこにでもあった話であり、職業別でいちばん寿命が短いのは、王や将軍などの国家元首だそうだ。

彼らは暗殺だけでなく、戦争や革命でも、命を失う危機に瀕することはしばしばである。これら四人の将軍暗殺の噂には、おそらく単なる推測も混じってはいるだろうが、たとえ真実であってもなんの不思議もないだろう。

将軍が江戸城から日光に行くと、四百万人の人手が必要だった

幕府は参勤交代という手段で、大名たちに経済的な負担をかけさせたが、将軍が旅をすれば、大名の参勤交代どころではない。沿道の人たちに、さすがに将軍様はお大名とはスケールがちがう、と思わせなければならないから、もっと莫大な費用がかかった。それが、神君家康が眠る東照宮への参詣だった。

安永五年（一七七六）、十代将軍家治が日光に参詣したときのことである。

四月十三日に行列は江戸城を出た。途中、岩槻城、古河城、宇都宮城と宿泊して、十六日に日光に到着。十七日に参詣をした。帰りは、十八日に出発。同じ城に宿泊し、江戸城には二十一日にもどった。八泊九日の旅である。

このあいだに、お供の大名や旗本、さらには警備の武士、それに旅の手助けや道の整備をする助郷と呼ばれる臨時の人足も入れると、なんと延べ四百万もの人が駆り出され

た。

馬の数も多く、延べ三十万五千頭。

ついに、行列は江戸から日光まで人馬がひとつながりになってしまったという。

費用も莫大で、幕府の年収の七分の一にも匹敵する二十二万両も費やした。

また、天保十四年（一八四三）の行列は、およそ十四、五万の大行列になったという記録もある。このときは利根川に橋をかけるのに三年がかりだった。

歴代将軍の日光参詣は、全部で十九回おこなわれた。

だが、そのうちの十回は、家康を異様なほど尊敬した三代将軍家光が占めている。そもそも日光東照宮を、あれほど絢爛なものにしたのが家光であるから、これは当然だろう。

ほかは、秀忠が四回、家綱が二回、吉宗、家治、家慶らが各一回となっている。

現在、日光の参拝者は、年間およそ六百万から二百五十万人ほどで、一日の平均は八千人ほどが訪れる。

江戸時代には、年間三万四千人ほどだったというから、それほど多くない。だが、念仏会がおこなわれるときなどは、一日五千人ほどが参拝したという。

じつは、将軍よりもまめに東照宮に参拝していた人たちがいた。朝廷からの例幣使である。朝廷では、伊勢神宮と日光東照宮に金の幣帛《へいはく》を奉納するため、毎年、勅使がつかわされていた。

例幣使一行は毎年、四月一日に京都を出発。中山道から例幣使街道をとおって、十五日に日光に到着。四月十七日の家康の命日に詣でた。帰りは江戸から東海道をとおって、四月三十日に京都にもどるというのが、例年のスケジュールだった。

こちらの規模は五十人ほど。将軍の参拝のように豪華なものではなかった。

十六代将軍になっていたかもしれない家達は、総理大臣就任の要請を断った

徳川慶喜が将軍職を降りたあと、徳川宗家を継いだのは、田安家七代目の当主・徳川家達《いえさと》だった。田安家は、御三卿の筆頭といわれつつ将軍を出さなかったが、ついに機会がめぐってきたときは、将軍の座が消え去っていた。

宗家を継いだとき、家達はわずか六歳だった。

家達は、明治十年から五年間はイギリスに留学するなど見聞を広めた。

明治三十六年から昭和八年の長きにわたって、貴族院議長もつとめた。

そのあいだの大正三年に、海軍の高官がシーメンス社から賄賂をうけていることが発覚（シーメンス事件）したあおりで、山本権兵衛内閣が総辞職した。そこで山県有朋、松方正義、大山巌、西園寺公望らがあつまって元老会議がひらかれ、徳川家達を推薦することになった。これは天皇も了承し、それを下命した。

家達はそれ以前にも、東京市長の要請をうけたこともあった。このときは勝海舟が、

「時代が変わるのを待つべきで、うけるべきではない」

と進言し、家達も辞退した。

だが、今度は内閣総理大臣である。慶喜が大政奉還して以来、半世紀ぶりの徳川家の政権奪回ともいえる。

家達は、同族会議をひらいた。

実弟で田安家当主の徳川達孝《さとたか》（わたしの祖父）、紀州の徳川頼倫《よりみち》、慶喜の四男の徳川厚などがあつまった。どういう話し合いがあったかはわからないが、その結果、家達は辞退を決めた。

この決断に朝日新聞は、

「高貴でおおらかな家達氏は、政治の濁流にもまれるべきではない」

と賛意を表明した。

家達が辞退したため、総理大臣の椅子には二度目の大隈重信がすわることになった。

ところで、徳川家達は、前の将軍家当主の徳川慶喜に対して、内心、おだやかならぬ思いもあったらしい。一族の集まりで、慶喜が床柱を背にすわっていたら、あとからやってきた家達が、

「おや。わたしの座るところがない」

といったという。また、

「慶喜さんは徳川家を滅ぼした人。わたしは徳川家を再興した人」

という言葉も残っている。ただ、ほんとうに家達自身がいったことかどうかは、確認されていない。

家達は、その後もワシントン軍縮会議の日本全権となったり、日本赤十字社の社長をつとめるなどした。家達が七十八歳で亡くなったのは、昭和十五年のことだった。

征夷大将軍はぜんぜん偉くなかった

「征夷大将軍」

という言葉には、途方もない権力を感じてしまうものらしい。

戦国武将たちも、この地位に憧れた人は多かった。ところが、この官位は、すごく偉い役職のようだが、じつはそうでもないのである。もともとは臨時に与えられる官位で、四位に相当する。

天皇から節刀をもらって全軍をひきいるときだけは、絶大な権力を得るけれど、節刀を返したら、それで終わりという役職なのである。

家康は、征夷大将軍になる前は、従一位で右大臣だった。これをわざわざ辞任して征夷大将軍になったのだが、本来の意味からしたら、頼んで格を下げてもらったことになる。

従一位がなるべき最高の官位は、太政大臣である。もっとも家康は、死の直前に太政大臣に任じられている。

将軍なら誰でも太政大臣になれるかというと、そうでもなく、存命中に太政大臣になったのは、家康と秀忠、それに家斉がいるだけである。

豊臣秀吉も、天下を統一したとき、征夷大将軍になろうとしていた。だが、公家の誰かに、

「征夷大将軍などより、関白のほうが上ですよ」

と教えられ、こちらにしたのだった。秀吉は先に関白になってから太政大臣になったりしているが、関白は天皇の補佐役で、その上は天皇になってしまう。

ただし、鎌倉幕府をつくった源頼朝は、古来の定義を、変えてしまった。征夷大将軍とは、「武家の棟梁」であり、臨時の職ではなく、「常置職」であるとした。家康は、こちらの定義にのっとって、征夷大将軍になった。

よく源氏でなければ征夷大将軍になれないので、徳川家康も源氏出身の姓を名のったといわれるが、じつはそんな決まりはない。

鎌倉時代には親王家や藤原姓の征夷大将軍もいたし、信長だって平氏を名のっていたが、征夷大将軍になれなかったのではなく、なる前に殺されてしまったのだ。明智光秀が謀叛を起こさなければ、平氏の征夷大将軍が生まれた可能性もある。

また、頼朝は征夷大将軍にそれほどこだわっていたわけではなく、任じられた二年後

には辞表を出しているのだ。

家康は『吾妻鏡』を愛読したりして、歴史にもくわしかった。こうしたことは承知のうえで、自分が征夷大将軍になるための理由づけや権威づけをおこなっていただけだったのかもしれない。

宮様が将軍になるかもしれなかった時期がある

結果的には江戸時代は、徳川一族が将軍職を継承していったが、じつは将軍を宮家が継ぐかもしれないというときがあった。明治維新は、皇室側への政権返還だが、もし、宮将軍が実現していたなら、その後の尊皇や勤皇の活動や、幕末の内乱も、だいぶ事情がちがっていたかもしれない。

その驚くべき計画は、五代将軍の座に誰をつけるかというとき持ち上がった。

四代将軍家綱が危篤になったとき、正統の跡継ぎがいなかった。

家綱に子どもはなく、家光の三男綱重の遺児・綱豊と、家光の四男の綱吉がいるばかりだった。

『御当代記』や『武野燭談』などの史料には、この当時「下馬将軍」といわれて勢いのあった大老の酒井忠清は、「後西《ごさい》天皇の皇子の、有栖川宮幸仁親王を将軍として擁立しよう」と主張したのだという。

幸仁親王は、華道、茶道、書道などにすぐれた人だった。それまで二度、関東に来られていたので、幕府でもその名を知られていた。

また、天皇家と徳川家のあいだにはすでに血縁ができており、それほど突飛なものではない。二代将軍秀忠の娘和子《まさこ》は、後水尾天皇に嫁ぎ、その娘は七歳のとき、女帝明正天皇になっている。

ただ、酒井忠清が思っていたのは、朝廷に将軍職を返すとかいうものではない。一時期、暫定的に有栖川宮が将軍をつとめ、他の将軍候補が成長するのを待って、代がわりさせようという思惑だった。その候補として、酒井が考えていたのは、家光の長女が産んだ松平義行だった。

なぜ、酒井忠清がこんなことを考えたかというと、第一候補になっている綱吉は将軍の器ではないと思ったためらしい。

だが、宮を傀儡にして実権を握ろうとする酒井の陰謀だ、とする人もいる。

酒井忠清の策は、老中堀田正俊のすばやい立ち回りによって失敗し、綱吉が次の将軍に決定してしまった。綱吉が将軍になると、当然のごとく酒井は失脚し、切腹とも毒殺ともいわれる謎の死をとげている。

徳川家が前田家に、将軍の座を奪われそうになったことがある

徳川将軍家では、しばしば後継者問題でもめた。だが、十一代将軍家斉のあと、しばらくは、そんな問題はいっさい心配はいらないはずだった。なにせ、家斉は五十五人もの子どもをつくっておいたのだから。

ところが、家斉の次（家斉の子の家慶が十二代になっている）の次の十三代将軍の座を、前田家に奪われそうになったというのだから驚きである。

ふつうなら、前田家の子どもが後継候補になど上がるはずがない。ところが、家斉が危篤になったとき、側室のお美代の方や、西の丸の側近たちが、お墨付きを捏造してし

まったのだ。お美代の方は、家斉の数多い側室のうち、もっとも愛された人だった。

すでに将軍だった家斉の四男家慶を隠居させて、お美代の方の子の溶姫が産んだ前田慶寧《よしやす》を将軍の座につけようという計画だった。

お美代は孫を将軍にして、権勢を維持することを狙ったわけだ。

偽造した遺言状は、家斉の正室・広大院に提出された。

だが、子どもが大勢いるのに、他家にできた孫を将軍にせよなどと、家斉がいうはずがない。逆に、この遺言状は悪だくみの証拠として、将軍家慶に差し出されてしまった。

これでお美代の方の奇策も失敗に終わった。関係者は処罰され、お美代の方も溶姫の嫁ぎ先の前田家に預けられた。

なお、東大のシンボルになっている赤門は、溶姫が嫁入りする時、前田家が受け入れのためにつくったものである。

このときのお付きの家来や侍女たちは、前田家に入ってからも、陰では、

「加賀」

と呼び捨てにしていた。

その言い方があまりに偉そうなので、溶姫が思わず、

「そなたたちが、加賀と呼び捨てにしているのは、わらわの旦那さまのことか」

と訊いたほどだった。

将軍になりそこねた前田慶寧はその後、前田家をついで維新の激動に直面している。だが、前田家は維新に際しては目立った動きはせず、ぎりぎりになって慶寧は戊辰戦争に兵を出し、賞典禄一万五千石を給せられた。

なお、慶寧の母・溶姫は、明治元年になって、江戸から金沢に逃げた。

このとき、溶姫のお供をして、徳川家の家臣たちがぞろぞろとついていったが、加賀藩では、

「徳川が朝敵の汚名をこうむったからには、一歩たりとも入れるわけにはいかぬ」

と、溶姫以外はみな、追い返されてしまったという。

葵の紋は、江戸時代初期には多くの人が使っていた

わが家の家紋は葵の紋である。

一口に葵の紋といっても、いろいろある。二葉葵もあれば立ち葵という紋もある。これらは、これが葵の紋？　と思ってしまうほど、ずいぶん見た目はちがう。

徳川の紋は三葉葵だが、これもよく見るといろいろある。徳川家康にしても、葉のかたちなどいくつかの微妙にちがう紋を使っているし、代々の将軍もすこしずつちがってきている。御三家や松平各家などでも微妙にちがっている。

これは、将軍家が他家との区別をはかったこともあるし、葵の紋同士ですれちがったりするのに、どこの家か見極める必要があったのだろう。見る人が見れば、どこの御三家か、どこの松平かまでわかったはずだ。

だが、田安家をはじめ御三卿の家は、宗家と同じものを使っている。

当時の紋は、現代のロゴマークよりはずいぶん大雑把だったようだ。

ただ、これがヨーロッパにいくと、貴族の家紋にはさまざまな家系の歴史やいわれがこめられていて、あだやおろそかにはできない。

葵の紋の由来にはいくつかの説があるが、京都の加茂(賀茂)神社の紋から取ったという説が有力らしい。三河に加茂という地名があったりしたため、徳川になる前の松平のころからつかっていたという。

この葵の紋は、江戸の初期まではわりと多くの人たちが使っていたらしい。御用商人や寺院なども、提灯や長持に三葉葵の紋をつけていたという記録も残る。

だが、正徳三年(一七一三)には武田掃部助という男が、享保三年(一七一八)には山名左内という男が、三葉葵の着物を着て、取り込みサギをおこなったりした。このため、吉宗の時代に、葵の紋の使用について厳しくなったのである。

葵の紋は、着物や持ち物だけでなく、徳川家の城の瓦などにも刻まれた。

京都の二条城は、徳川家康が上洛時の居城にするため築かれたもので、屋根などにもすべて葵の紋が飾られていた。

やがて維新によって持ち主も皇室にかわると、葵の紋も菊の紋に代えられた。ところが、あれだけの建造物の紋をすべて菊の紋に代えるというのは、容易なことではない。いまだにいくつかは、葵の紋が残っている。

どことはいわないので、今度、二条城を訪れたおりには、探してみるのも面白いかもしれない。

ところで、かつて徳川夢声というマルチタレントがいて、わたしもよく親戚とまちがえられたりした。残念ながら徳川夢声は本名を福原駿雄さんといって、徳川は芸名だった。

その芸名のいわれは、活動写真の弁士になってから赤坂の葵館という映画館の専属になった。その葵から、徳川を名乗るようになったとのことである。

将軍のふだんの食事はお膳に二つ分ほどだった

将軍の食事というと、毎日、うんざりするほどのごちそうを並べていたのではないかというイメージがあるが、じつはそれほどでもない。メニューは将軍の個性や年齢、季節などによってさまざまだが、十五代将軍慶喜のとある春の朝の食事を見てみよう。

お膳はたった二つ。

まず一の膳には、味噌汁と豆腐を薄く切ったもの、それに置合《おきあわせ》といって蒲鉾や昆布やクルミなどを寒天で寄せたもの。この三品が載っている。

もうひとつの二の膳には、ホウボウという魚の焼き物と、海苔で巻いた玉子焼き、これにお新香という三品が載っている。

一汁五菜。これにご飯を加えたものが将軍の朝食である。

量も多くはなく、現代でもこれくらいの朝食を食べている人はたくさんいるだろうし、旅館やホテルに泊まったときの朝食ときたら、この数倍ほどのごちそうが出る。

ただ、これは倹約精神が旺盛だった慶喜だったからで、十一代将軍の家斉あたりは、それこそ豪華ホテルの朝食のようだったはずだし、逆に八代将軍吉宗などは一汁一菜という質素なものだった。

ふだんはそれほど豪華ではなかったにせよ、いざ将軍が外で食事をとるとなると、さすがに贅をつくしたごちそうが並べられた。とくに、将軍が有力大名の屋敷を訪れる御成のときは、清の《満漢全席》に匹敵するほどの豪華さだった。

たとえば、『南紀徳川史』によると、三代将軍の家光が紀州藩邸をおとずれたときの献立はこうだった。

まず、最初に入った御数寄屋で歓迎の宴が催される。ここでは本膳の二汁七菜に二汁五菜の二の膳が出され、肴のこのわたとキントンなど七種類のお菓子がついた。これはほんの小手調べである。

次に、書院に移って祝いの席になり、雑煮からはじまり、式三献といわれて御酒を中心にスルメや鰹、鮑などおめでたい肴がずらりと並ぶ。これは儀式のようなもので、その後に能見物を楽しんだりする。

これだけでも腹がもたれるほどのごちそうだが、じつは本番はここからで、七五三の膳が出される。これは、本膳が塩引き、蛸、蒲鉾、和交《あえまぜ》、香の物、含め鯛、桶の七菜に湯漬。二の膳で巻き鯣、削ぎ物、貝盛、からすみ、くらげの五菜に二汁。三の膳が羽盛《はもり》、舟盛、鰭の物の三菜に二汁と吸い物。このほか、焼き麩、饅頭、姫胡桃、蜜柑、羊羹、豆飴、結び昆布、柿、榧、千鳥の十一種のお菓子がついた。

これと御酒が三献出され、ふたたび、献立を変えた七菜一汁の本膳、五菜一汁の二の膳、三菜一汁の三の膳が繰り返される。書き写すだけでもゲップが出てきそうだ。

西洋の美食の国で知られるフランスに目を移すと、ルイ十四世の食事はたいそう豪華であったとものの本にはある。

だが、ヨーロッパの食事は種類の多さより量の多さが目立つので、これはガルガンチュアの大食の系統であり、酒の種類も多く、東洋の考え方とは方向がだいぶちがうと思う。

明治維新で徳川家を救ったのは、大奥で対立していた二人の女性だった

幕末から明治維新にかけて、徳川家は存亡の危機にさらされた。

十五代将軍慶喜が大坂から江戸に逃げ帰ってくると、それを追うように官軍が東上してくる。このとき、官軍が江戸城を攻撃し、それに対抗すべく徳川の一族や旗本たちが城にたてこもって、ついには一族全員が、討ち死に……といったシナリオもあり得たのである。

そうなれば、わたしもいまごろはこの地球上に存在すらしていなかっただろう。

この江戸城の危機を乗り切ったのには、このとき大奥にいた二人の女性の活躍が大きかったのである。

その二人というのは、十三代将軍家定の御台所だった天璋院篤姫と、十四代将軍家茂の御台所で仁孝天皇の皇女和宮である。

二人は、姑と嫁の関係である。京都から嫁いできた和宮に対して、大奥と姑の天璋院はかなり意地悪なしうちをおこなった。

対面のときも天璋院のほうが上座にすわり、和宮の席には座布団すらなかった。

これがふつうの嫁姑なら、よくあるいがみ合いだが、和宮の場合は、身分の問題がからむ。天皇の娘と、将軍の母。これは和宮のほうが、上と思う。将軍とはいえ、天皇から節刀をいただいたからこその征夷大将軍なのである。だから、和宮の周囲の女官たちは怒り、いがみ合いはかなりこじれたりもした。

ただ、この二人の女性は、根のところが賢明だった。

やがて、和宮は徳川の嫁という立場を自覚し、姑の天璋院にも気くばりを示すようになる。また、天璋院のほうも、将軍家茂が急死したため、和宮の境遇を思いやるようになっていった。

和宮は落髪して静寛院と号して、京都にはもどらず、大奥にとどまった。

そして、時代が急転する。

十五代将軍となった徳川慶喜は大政奉還し、鳥羽伏見の戦いがはじまると、その慶喜は大坂から江戸に逃げ帰ってきた。まもなく、錦の御旗を奉ずる官軍が江戸に攻めくだってくるにちがいない。慶喜は上野寛永寺に謹慎してしまったし、女たちもどこかへ避難すべきだろう。

ところが、天璋院も静寛院も、江戸城を動かなかったのである。

天璋院は、薩摩の島津斉彬の養女から徳川家に嫁いできた。官軍のリーダーである西郷隆盛にとっては、旧恩も深い主筋の姫君である。その天璋院は、

「自分の命にかえても、徳川家を存続させていただきたい」

と手紙で訴えた。

静寛院もまた、天皇の娘であったばかりか、官軍の大総督となっている有栖川宮熾仁《たるひと》親王のかつての婚約者だった。その婚約を踏みにじられて、公武合体策のいわば犠牲として徳川家に嫁いでいたのである。

その静寛院が、有栖川宮熾仁親王や岩倉具視に、

「わたしもまた命にかえて、徳川家をお守りします」

と宣言した。

二人は、自分たちが江戸城にいるならば、官軍もそうそう酷いことはできないだろうと、居残ったわけである。かつて、いがみ合った嫁姑が、徳川家のために協力し合ったのだ。

江戸城が無血開城されたのは、西郷隆盛と勝海舟の会談の結果である。

会談の記念碑は、元の島津の下屋敷のあったＪＲ田町の駅前にある。

この会談成立の直前、山岡鉄舟がまだ駿府の官軍本営で待機していた西郷隆盛に面会した。ここで、会談の下打ち合わせをして、書面によって基本的な合意をとりつけていたことは、静岡日伊協会専務理事の神谷雅則氏所蔵の資料にくわしい。

天璋院と静寛院のそれぞれの書状は、これより前に江戸のすぐ近くまできていた官軍の先遣部隊にとどけられていたので、このことも西郷の気持ちを平和解決の方向に動かしたのだと思う。

わたしの家の仏壇には、宗武以来の先祖の位牌の入った厨子に並んで、天璋院の位牌一つだけが別の厨子に納められて祀ってある。それは、御恩をいつまでも忘れないためである。

また、平成八年（一九九六）、増上寺でとりおこなわれた静寛院和宮百二十年祭忌には、徳川宗家当主恒孝《つねなり》さんは当然として、常陸宮華子妃殿下も御列席になり、その他、京都知恩院、上野寛永寺の各住職、日光東照宮の宮司等多数の静寛院和宮奉賛会の方々が参列し、あらためて和宮の霊に感謝したのだった。

第五章　御三家と御三卿の微妙な関係

御三家からはずされた醜男がいちばん長生きした

慶長十二年（一六〇七）に家康は、次男の秀康と四男の忠吉を失った。残ったのは、将軍をついだ秀忠のほか、六男の忠輝、九男の義直、十男の頼宣、十一男の頼房の四人の息子たちである。家康は、義直を尾張に、頼宣は最初、水戸においたが駿府に移し、頼房を水戸においた。

これが、御三家のはじまりである。はじめは紀伊ではなく、駿府だった。その後、元和五年（一六一九）に、駿府の頼宣を紀州にうつして、御三家を確定した。御三家には格付けもあり、それは石高でも明らかである。筆頭は尾張で六十二万石。つぎが紀伊で五十五万石余。水戸は三十五万石だった。

気になるのは、六男の松平忠輝。彼は数奇な運命をたどった。

忠輝は、生まれたときから、家康にはあまり可愛がられなかったという。それどころか、「色が黒く、目尻がさかさまに裂けて、恐ろしい容貌」と聞かされると、

「その子は捨てろ」

と命じたという。

家臣のほうは、本当に捨てるわけにはいかない。下野長沼城主の皆川広照という武将にあずけて育てさせた。

忠輝が、はじめて父家康と対面したのは、七歳のとき。家康は「なるほど、恐ろしい面魂だ」とあきれたという。

だが、関ヶ原の合戦後、まだ九歳だった忠輝だが、信州松代の十二万石を与えられた。その後、慶長十五年（一六一〇）には、忠輝は越後高田六十万石の大大名に抜擢される。

これで忠輝の立場は安泰かと思えたが、彼には不思議な運命が宿っていたらしい。慶長十八年（一六一三）に、金山奉行大久保長安《ながやす》の不正事件が起きるが、このとき徳川幕府転覆計画の連判状が発見され、その筆頭に松平忠輝の名が記されてあったという。

これが事実かどうかはわからない。が、忠輝と宗家の仲は怪しくなっていた。

元和元年（一六一五）、大坂夏の陣のとき、忠輝の軍勢が二代将軍秀忠の家臣を惨殺する、という事件がおきた。忠輝の家臣には無法者が多く、たびたび問題になっていたのだ。

まもなく、家康は死の床につくが、そこで忠輝を改易させるよう言い残していた。このままでおけば、徳川家の土台を揺るがすと懸念したのだろう。

元和二年七月、松平忠輝は改易となり、信州高島城に幽閉された。

ふつうはこのあたりで気落ちし、まもなく亡くなったりするのだが、忠輝は逞しかった。この後、なんと六十七年ものあいだ生き、亡くなったのは九十二歳だった。

おそらく徳川一門で、もっとも長生きした人ではないか、と思われる。

水戸黄門は十代から遊女屋に通い、朝帰りが見つかりそうになると鰹売りに変装した

水戸の黄門さまという異名で知られる徳川光圀は、数々の名言を残した人格者でもあった。だが、幼名を千代松といったころは、とにかくヤンチャな少年だったらしい。

しかも、父の頼房をはじめ、周囲がそれを許していたようすもある。まだ、戦国の気風も残っていて、

「男はそれくらいでなければ」

と鷹揚に見てくれたのかも知れない。

以下は『西山遺聞《せいざんいぶん》』や『桃源遺事』など、数多い黄門さまの伝記逸話集によるが、ヤンチャ坊主だけあって運動神経もよかったらしい。友だちと塀や屋根の上を走りまわっていたが、誰も千代松には追いつけなかった。

千代松はいたずらばかりするので、刀を持つのは禁じられていた。だが、あるとき、父が千代松を隅田川につれていき、

「わしの後をついてこれるか」

と、泳いで渡りきった。千代松もふだんから水遊びもさんざんやっているので、隅田川もなんなく泳いで渡った。父頼房はこれに感心し、ようやく褒美として刀をあたえたのだった。

ところが、刀を持ったら持ったで、やはりろくでもないことをする。千代松は町を歩いていて、興行相撲に出くわした。飛び入り参加するが、相手は大人の力士である。息ができないくらい土俵に叩きつけられた。

千代松はカッとなり、刀を抜いて、相手の力士を、

「よくも、やりおったな。斬ってやる」

と脅した。これはどうにか周囲の者がとめて、ことなきを得たらしい。

こうした荒事だけでなく、あっちのほうの悪さもする。元服もまだのくせに、遊女屋

に泊まって朝帰り。塀でも乗り越えて屋敷に入ろうと思ったが、すでに門が開いていて、門番などがうろうろしている。

　すると、千代松はとっさの機転を働かし、鰹売りに変装し、

「御用をいいつかりまして」

　と、しらばくれて屋敷に入ってしまった。

　そんな光圀だったが、十八のときに『史記』を読んだのをきっかけに、国や倫理について考えはじめ、三十歳あたりから別人のような人格に変わった。

　後年、自らの悪童時代をふりかえり、

「若いときに失敗のあった者が、のちによい大人になるものだ。子どものとき、おとなしくて律儀だなんて者は、ほめようがないではないか」

　と、若い者のやんちゃには、大いに理解を示した。

　ちなみに、光圀の生涯はロシアの文豪トルストイと大変よく似ていると思う。トルストイも、大人になるまでは手のつけられないくらいの不良青年だったのに、成長すると急に別人のような人格者になるところなど、そっくりである。

葵の紋の印籠はやたら見せてはいけなかった

テレビの『水戸黄門』では、クライマックスで助さん、格さんらがひと暴れしたあとに、必ず、

「皆の者。控えおろう！　この紋どころが目にはいらぬか！」

と印籠を取り出す。視聴者はここで、やっぱり正義は勝つのだ、とホッとする。この時間は、八時四十五分と決まっているという話だ。

まあ、あくまでもテレビの中のことである。

さて、その紋どころについて、元禄元年（一六八八）に、老中から御三家に対して、

「武器その他に、葵の紋を使うことを遠慮するように」

と申し渡しがあった。将軍の権威を高めるためと、御三家の行動を規制する狙いがあったのではないか。

元はまぎれもなく同じ紋なのに、御三家といえども、同じ紋を使いにくい雰囲気にな

ってきた。そこで、武具や駕籠など目立つところでは、水戸では葵の紋のかわりに丸に水の字の紋を、紀伊では丸に紀の字の紋を使うようになった。

また、水戸では、葵の葉を簡略にした六葉の葵の紋を多く使うようになった。

だが、このとき、尾張だけはしばらくのあいだ、元の葵の紋を使っていたので、水戸家や紀伊家では、公儀にしたがうよう忠告をしていたらしい。

結局、尾張でも、丸の中に八の字を書いた紋を武器などに使うようになった。

これはまさに、水戸黄門の時代の話なのだ。

したがって、葵の紋入りの印籠をぐぐっと前に出して、

「この紋どころが目に入らぬか」

とやるのは、いけないのではないか。

もっともテレビの水戸黄門も最初から印籠を出して、

「控えおろう！」

とやっていたわけではなかったそうだ。再放送で初期の『水戸黄門』を見ると、印籠を出したりしていない。葵の紋の印籠で皆をひれふせさせるというパターンになったのは、だいぶ人気が出てからの第二部のシリーズに入ってからのことだそうだ。

番組の設定では、黄門さまは将軍の名代として持ち歩いているということなので、現在の徳川葵の紋をつかっているそうだ。番組でそう決めてしまったので、将軍の名代な

らば徳川葵でよいということになるが、光圀の時代を考えるともう少し葉脈の多い三葉葵であったと思う。

水戸黄門は「先の副将軍なるぞ」と威張るが、そんな役職はなかった

テレビの『水戸黄門』は、一同を控えさせておいて、ついに名乗りをあげる。

「先の副将軍、水戸光圀公にあらせられるぞ」と。

じつは、厳密にいうと、この短いセリフの中には正確ではない文言がある。

まず「副将軍」だが、こういう役職は江戸幕府の中には存在していなかった。将軍だけが光り輝き、その下をいうなら、大老、老中、若年寄などで、副将軍も中将軍も将軍補佐もない。これは水戸黄門の後にも先にもなかった。

だから、「先の」という言い方もまちがいとなる。ただ、隠居したという意味ならわかるような気もする。

がよい。

さらに、「水戸光圀」という名前もない。黄門さまの名前は「徳川光圀」で、「水戸」というのは地名であって名字ではない。しかし、これも通称としては、このほうが通りがよい。

ではなぜ、「副将軍」などという言い方が生まれてしまったのか。

御三家のなかで、水戸だけは参勤交代がなかった。水戸と江戸では近すぎて、経費をつかわせるという意味では高が知れている。

これを水戸だけの特権と解釈し、まわりの人たちが副将軍といったのかもしれない。

江戸時代の格式では、御三家の中では、尾張と紀伊が上位で水戸は下になっている。

朝廷から頂く官位は、通常は尾張と紀伊は従二位権大納言だが、水戸は従三位権中納言だった。

ちなみに、「黄門」というのは、中納言や権中納言を唐風に呼んだもので、「黄門さま」もほかにたくさんいたし、「水戸黄門」も代々いて、光圀だけではない。

水戸家の主が江戸に常駐するのは、将軍に万が一のことがあったとき、すぐに代理をつとめられるようにしたからともいえよう。

そこから、つまりは水戸は将軍の代理、いや天下の副将軍なのだという言い方ができていったのだろう。

そんな水戸からも、幕末には副将軍どころか、十五代将軍徳川慶喜を出している。

日本で最初にラーメンを食べたのは水戸黄門である

一時期、街を歩いていると、《黄門ラーメン》とか、《光圀ラーメン》などという看板をよく目にしたことがある。店主がテレビの水戸黄門のようなスタイルでラーメンをつくっているのかとか、あるいは水戸名物の梅干しでも入っているのかと想像した。そのうちに、テレビなどで情報が入ってきた。どうやら、水戸黄門が日本で最初にラーメンを食べた人だというのがわかったため、それにちなんだラーメン屋さんがどっと出現したらしかった。

水戸の徳川家は、食の探究には熱心なところで、ラーメンについても先んじていたとしても不思議ではない。

小菅桂子さんの著書『にっぽんラーメン物語』によれば、それは寛文五年（一六六五）のことだそうだ。

格さんのモデルといわれるのはいくつか説もあったが、中国語の通訳だった安積覚兵衛という人らしい。この覚兵衛さんが記録に残していたのである。

もちろん、ラーメンという言葉はなく、

「うんどん（うどん）のようなもの」

を食べたとしている。

これを食べさせたのは、明から亡命してきた儒学者の朱舜水だった。

いきさつはこうである。

まず、黄門さまが手づくりのうどんをごちそうしてくれた。

水戸光圀は若いとき、江戸で暮らしていたが、その頃、江戸ではうどん屋が繁盛していた。そのとき、うどんづくりまで習得したらしい。後に、家臣に光圀手製のうどんをごちそうしたりしたが、それは江戸で学んだのだと自慢もしている。

その味もなかなかのものだったのだろう。

そこで朱舜水がお礼に、明の麺をうってお返しにした。

材料は、小麦粉につなぎとしてレンコンの粉をつかった。スープは、中国式ハムの火腿からとり、五辛といわれる山椒、青ニンニク、黄ニラ、白カラシ、香菜をそえて食べさせたという。

もっとも、最初に食べたのは水戸黄門ではなく、朱舜水が最初に世話になった九州柳川藩の立花家の殿様だと主張する人たちもいる。

新横浜にラーメン博物館があって、全国のおいしいラーメンの出店があり、繁盛をつづけている。ここの展示コーナーには、この日本最古のラーメンのレプリカが展示され、つくり方も紹介されている。

水戸黄門は米をつくり、年貢も納めていた

水戸黄門こと徳川光圀は、六十三歳のときに、養子の綱條《つなえだ》に家督をゆずって隠居した。住まいは水戸から二十キロも離れたところに移し、西山荘と称し、ここで亡くなるまでのおよそ十年間を過ごしたのである。

テレビの『水戸黄門』は、ここから果てしない全国行脚の旅に出るが、本当の黄門さまは、この西山荘からほとんど出かけていない、というのは有名な話。

では、いまでも田舎といえるようなところに隠居して、なにをしていたのか。これがまさに晴耕雨読といえるような日々で、田畑をたがやしては、収穫した作物をおいしく食べるという、自然派文化人の理想ともいえる暮らしをおくった。

西山荘の周囲には、およそ五千平方メートルの田んぼ（およそ五反）があり、ここで米をつくっていた。

もちろん、ご家来衆も手伝ってはいただろうが、黄門さまは田植えや刈り取りもいっしょにやっていたようだ。

小菅桂子さんの『水戸黄門の食卓』によれば、そこでとれた米のうちから、毎年、十三俵を年貢米として、太田奉行所に納めていたというから驚きである。前の藩主だった徳川光圀が、まさか年貢とは……。

まるでテレビの創作のような、いかにも黄門さまらしいエピソードではないか。

ちなみに現代の農業だと、一反の田んぼから米がおよそ八〜十俵ほどとれる。だが、これは品種改良や農法が進んだからで、江戸時代の収穫量はずっと少なかったはずである。

とすると、五反の田んぼからの年貢米として十三俵というのも、当時の百姓の年貢とそう変わりはなかったのではないか。

米だけではなく、黄門さまは畑もたがやし、自分でつくった野菜を近所におすそ分けをしたりもした。

また、当時は日本でほとんど栽培されていなかった作物も、黄門さまはいちはやく入手して、栽培していたという。

たとえば、朝鮮人参、蕁菜、唐がらし、林檎、コショウ、サンショウなどである。

さらに植物だけでなく、田螺《たにし》、赤貝、サザエ、カメ、ナマズ、ナマコなどの食用になる生物も、藩内の海や池で養殖をこころみた。

もちろん、こうして育てた植物や生物は、自分でも食べてみる。黄門さまは当時、最高のグルメでもあった。

こうしたこころみは、やがてさまざまなかたちで花開き、水戸家では肉食や牛乳の飲用など、江戸時代の先端を走る食文化がつくられていった。

将軍家と尾張徳川家は、あわや戦争になりそうだった

家光が将軍のとき、尾張藩主の義直は家康の九男だから、家光からは叔父にあたった。歳もそうたいして変わらず、義直のほうが家光よりわずか四歳年上だった。

家光は自分でもいっていたが、「生まれながらの将軍」である。叔父たちに対しても気をつかったりすることもなかった。

一方の義直は、儒学に造詣が深く、礼や仁を重んじる男である。性格的に合わなかった。だから、しばしば一触即発という事態になった。

なかでも危なかったのが、寛永十一年（一六三四）のできごと。

この危機について、『駿河土産』という本には、義直は家光と一戦することを覚悟したと、驚くべきことが書いてある。

きっかけは、家光が京都にのぼることになったついでに、帰途は尾張で休息したいといいだしたのにはじまる。

相性の悪い家光だが、将軍が立ち寄るというので、義直自身は京都に随行していたが、家光を迎えるための御殿をあらたにつくらせるなど、準備に怠りはなかった。

ところが、家光は突然、尾張には寄らずに江戸へもどると告げたのである。

すべての準備は水の泡。これには義直も落胆し、いっしょに随行していた紀州の頼宣に胸の内をつたえた。

「なんとひどいことをなさるのだ。とんだ恥をかかされた。かくなるうえは、尾張に籠城し、恥をそそぐことができるか、運を天にかけてみようか」

すると、義直同様、家康の息子である紀州の頼宣は、

「それは権現さまの遺言にもそむくこと。ここは耐えて、供奉いたしましょうぞ」

と、必死で義直をいさめた。

だが、いったんいいだしてしまった義直は意地もあって撤回しない。

頼宣はわかったとうなずき、

「そこまでいわれるならいいでしょう。ただし、籠城というのはよい策ではない。家光公が尾張を通過するとき、いっきに襲撃なさるがよい。わたしもそれに呼応して、いっしょに追い打ちをかけましょう。そうすれば必ず家光公を討ち取れるはず」

と、ともに立つことを告げたのである。

これで義直はようやく冷静になった。

「わたしが滅亡するのは勝手だが、巻き添えにするのは許されぬ。わかりました。謀叛は思い止まります」

あやうく、危機は回避されたのだった。

由比正雪事件は、裏で紀伊徳川家が糸を操ったらしい

跡継ぎがまったくいないのも困るが、多すぎるのも厄介事をまねく。

ましてや、同じ母ならともかく、母がちがうと、兄弟間の感情も微妙なずれが出てくるのではないか。

家康の場合も、ちょっと多すぎたかもしれない。

家康の十男で、紀伊徳川家の初代藩主となった徳川頼宣は、豪気な性格から「南海王」とか「南海の臥竜」などと呼ばれた。家康も頼宣の気質を愛し、ゆくゆくは百万石ほども与えようという心づもりだったといわれる。

あるとき、頼宣に獰猛な土佐犬が献上された。気をつけるよう近習たちは忠告したが、頼宣は恐れることなく、足で土佐犬の鼻先をなでた。

すると、突然、土佐犬は大口をあけて、頼宣に噛みつこうとした。

こんなとき、誰もがあわてて足を引こうとするだろう。だが、頼宣はその足を逆に土佐犬の喉の奥まで突っ込んだのだ。犬は驚き、尻尾を巻いて後ずさった。以来、この土佐犬は頼宣に対して従順な犬になった。

こうした豪快な逸話にはことかかない頼宣だが、由比正雪の《慶安の変》のとき、その名が取り沙汰された。

正雪は、紀州藩主頼宣の名をかたって浪人たちを集め、駿府城を乗っ取り、将軍をそこに拉致して、天下を我が物にしよう、という計画を立てた。

だが、密告者が出て、正雪の計画は未遂に終わる。

正雪は自害したが、その遺書には、

「紀州公の名を拝借したが、人を集めるためにやっただけで、紀州藩とはなんの関わりもない」

と、わざわざ釈明してあった。

しかも、正雪の遺品から頼宣の印が押された文書まで出てきた。

このため、人々は陰に頼宣がいたのはまちがいないと噂した。

幕府も頼宣を呼んで、事実かどうか問いただしている。このときは、城内に捕縛のための人員も配置され、返答によれば御三家の当主に縄がうたれる可能性もあった。

老中が、頼宣の印が押された文書を差し出すと、

「これはめでたいことよ。もしもこれが外様大名の印であったなら、たとえ曲者のはかりごとであっても、大名もなにかと疑われたことだろう。似せたのがわしの印押でよかった。それなら誰も疑う者はあるまい」

と笑い飛ばした。

また、頼宣自身の印の色がつねに青であるのに、正雪遺品の頼宣印の色は黒であったと、頼宣が指摘したという話も伝わっている。

結局、頼宣の堂々たる態度に、お咎めなしに終わったのだが、しかし真相は藪の中であった。

田安門、一橋門、清水門は御三卿の名にちなんだのではなかった

わたしは、吉宗がつくった御三卿のうちの、徳川宗武を初代当主とする家に生まれた。途中、同じ人物が隠居した後にもどったり当主が他家に養子にいったりして複雑なのだが、わたしは順にかぞえて十一代目の当主にあたる。

わたしの家はふつう、「田安家」と呼ばれる。あるいは「田安徳川家」などといわれることもある。

これは「水戸光圀」のところでも書いたけれど、「田安」というのも「水戸」と同様に地名であって名字ではない。

「田安」「一橋」「清水」というのは、まぎらわしいために自然と使われるようになった通称であって、あくまでも「田安宗武」は「徳川宗武」であり、「一橋慶喜」は「徳川慶喜」なのである。

ただ、これだとひどくまぎらわしいので、わたしだって実際には「水戸光圀」とか「田安宗武」といったりしている。

江戸城の北側に、田安門、清水門、一橋門があった。田安門と清水門はいまも残っているが、一橋門はなくなってしまった。

その近くに、それぞれ御三卿の屋敷（御用屋敷）がつくられた。ここから、区別しやすいよう、門の名前から「田安家」「清水家」「一橋家」と呼ばれた。「田安屋敷（のちに拡張されて田安館といわれた）」があったから田安門ではなく、その逆なのである。意外に誤解している人が多いらしい。

田安門のあたりは、江戸城ができる前は田安台といわれ、現在の靖国神社から飯田橋にかけては田安郷といわれた田園地帯だった。そこから田安門という呼び名ができたのだろう。

江戸時代に四谷にあった田安下屋敷で使われたと思われる門も残っていて、それは新宿区の幸国寺にある。現在も田安家屋敷門と呼ばれている。

山門としてつかわれていて、向かって右側の出番所も残っており、往時をしのばせるおもむきのある門である。ものの本による十万石以上の格式の門としては、少し小さすぎるので、この門が田安屋敷の正門であったとすれば、質素な門構えだと思う。

四谷には田安稲荷という神社があるが、これは田安家の下屋敷内におかれてあったものだった。維新後に田安家の下屋敷は撤去されたが、稲荷神社だけはそのまま現在の地に残されていた。いまも、四谷四丁目の方々に守り神として厚く祀られているとのことである。

また、現在、九段北にある築土神社内に世継稲荷がおかれている。これもかつての田安郷にあったため、田安稲荷といわれていたが、徳川秀忠がここを参詣した際、境内に橙の木が繁っているのを見て、

「これは代々につながる。代々、世を継ぎ栄える宮じゃ」

として、世継稲荷と呼ぶようになった。なお、現社殿わきにも橙の木が植えられている。

こちらは上屋敷の外だったが、すぐ近所にあったため、田安家では崇敬していたらしい。

田安門のところにあった館が、明治新政府に収公されてしまったあと、田安家の一族がどこに住んでいたのか、わたしは詳しくはわからない。いまのように小人数の家族ではなく、家臣や奥女中なども入れたら相当な人数になったはずで、引っ越しも右から左にはいかなかっただろう。

わたしが知っている家は、田町のいまの慶応大学の一画にあった。

わたしの同級生が、彼のお祖父さんから聞いた話として、明治のはじめごろに田安の

箱崎の中屋敷と、その同級生の先祖の屋敷を交換して住んでいたことがあったといっていた。動きの激しい時代だから、いろんなことがあったのだと思う。

徳川慶喜が将軍職をおりて蟄居したあと、宗家は田安七代目の当主にあたる家達《いえさと》がつぐことになった。

田安の家も、東京に屋敷を残しながらも、徳川家の新しい領地である駿府……いまの静岡にいってしまっていた。そのときの駿府屋敷の門がいま静岡市立高校に保存されていて、こちらも田安門と呼ばれている。

御三卿は一律十万石と決まっていたが、参勤交代がないので、暮らしは楽だった

「御三卿」というと、なんだか三銃士が出世したみたいな感じもするけれど、要するに、「部屋住み」なのだ。

部屋住みというのは、よく時代劇などに登場する、次男や三男に生まれたため、家の跡を継ぐ必要はなく、その分、暇を持て余していた男たちである。

家を継がないということは、役目もないということである。当然、収入もない。兄の収入で食わせてもらい、なんとか婿養子の口でもないかと期待し、あるいは趣味の世界に生きようとする。なんとなく宙ぶらりんなのだ。

この部屋住みがたまたま将軍吉宗の家に生まれたために、御三卿などという地位が得られたというわけである。

御三卿は御三家とはちがって平等に、一律十万石であった。とくにまとまった領地はなく、知行地も全国あちこちに点在していた。

田安家の場合、摂津、和泉、播磨、武蔵、甲斐、下総の六カ国のうちに知行地があり、代官を置いて年貢を集めた。この合計が十万石である。

十万石では大大名とはいえない。中級クラスである。

そのかわり、ずっと江戸住まいだから、参勤交代などという費用もかかる面倒なことはない。家老は幕府から差し向けられて、家の経営についても面倒を見てもらった。

また、自前の軍隊もいらない。多少の護衛の武士はいたが、食わせなければならない家臣などはふつうの大名に比べたら断然、少なかった。

だから、生活はきわめて楽だったことだろう。同じ「部屋住み」でも、ふつうの武士の家とはずいぶん待遇はちがう。

参勤交代もなければ、いざというとき軍隊になるような家臣団もたいして多くない。

これでは暇をもてあましたことだろう。

では、一橋家や清水家などの兄弟筋の親戚たちと、仲良く楽しく遊んでいたかというと、それもあまり考えられない。

歴史小説などを眺めると、しばしば「御三卿の陰謀」などという話が載っていたりする。一橋治済《はるさだ》が田安つぶしのため、定信を松平に出してしまっただとか、定信を老中にしたことで田安と一橋が和解したといった話などである。

先祖たちが、陰謀に熱心だったと想像するのは、あまり嬉しいことではないけれど、彼らがもし暇をもてあましていたと考えると、陰謀をめぐらすことがあっても不思議ではないと思う。

第六章　わが田安家のヒミツ

将軍候補を出す御三卿だが、
筆頭の田安家で十三年間も当主が不在だったときがある

田安家は、御三卿のなかで筆頭といわれていた。

ところが、田安家はできてまもないうちに、存続の危機に襲われた。

吉宗の次男・宗武のあとに二代当主となった治察《はるあき》は病弱で、安永三年（一七七四）、跡継ぎの子どもができないうちに二十二歳で病死した。

弟は二人いたが、すでに他家に養子に入っている。

すぐ下の定国は、伊予松山藩へ。その下の弟・定信は陸奥白河藩に。この人が、寛政の改革で知られる松平定信である。

定信は、幼少のころから英明と評判で、田安家を継いでいれば、なにかのおりには有力な将軍候補となったであろう。

事実、定信を養子に出すさい、将軍御側衆の稲葉正明《まさあきら》と、大事のときは田安家にもどすという約束もあったという。

ところが、いざ治察が病死すると、この約束は反故にされた。この約束やぶりに、田安家の初代当主宗武の未亡人・宝蓮院は、落胆のあまり何度も気絶してしまったという。

この一連の事件は、一橋治済と田沼意次の陰謀だった、という話がもっともらしく伝えられている。

田安家では、このあとも十三年間にわたって当主がおらず、そのあいだ、家自体は宝蓮院が維持して、十万石を拝領していた。

しかも、ここに送りこまれて田安家を相続することになったのは、一橋治済の子で、将軍家斉の弟の斉匡《なりまさ》だった。

つまり、一橋治済は子の家斉を将軍にしただけでなく、田安家までも乗っ取ってしまったということになる。

もし、そうであるなら、わたしも憤慨したくなるところである。

わが田安家に、なんということをしてくれたのだと。

ところが、そこで、ちょっと待てよ、と考えざるを得ない。田安家の二代目が若くして亡くなり、その後、一橋斉匡が田安家をついだということは……なんのことはない。わたしもまた、その一橋の血をうけついでいたわけである。大陰謀家といわれている一橋治済は、わたしの「ひぃひぃひぃひぃ爺さん」にあたるのだ。

これでは、一橋治済の悪口をいうと、天に唾を吐くようなことになってしまうのだった。

松平定信は、寛政の改革で山東京伝を罰したが、じつは京伝の大ファンでサインももらっていた

吉宗の直系の将軍を、絶えないようにするためつくられた御三卿だが、ついにわが田安家からは、将軍を出すことはなかった。

ただ、国学者・歌人としての始祖宗武は当然として、中学や高校の日本史の教科書にも必ず登場する松平定信と、幕末に活躍した越前の松平春嶽を出したのは、田安家の誇りとでもいうべきか。

松平定信に、名君伝説は数多い。

白河藩主のとき、天明の大飢饉があった。このとき、藩政の再建と領民生活の建て直

しに成功し、いちやく名君の評価を得た。

やがて、老中首座となって、寛政の改革に着手した。

そのころのことである。

定信は自分の独断で決裁することはなく、すぐに将軍家斉のところにいって、

「このような申し出がありますが、いかがいたしますか」

と訊ねた。家斉が、

「こうすればどうじゃ」

とこたえると、

「それではこのような差し支えがでてきますが、そのときはいかがいたしましょう」

と問いなおした。家斉が、

「ならば、こうせい」

といえば、

「そちらにすると、こうした差し支えがでたら、いかがいたしますか」

と訊いた。家斉が結局、返答につまってしまうと、

「それでは明日までにお考えください」

と引き下がっていく。

定信は翌日、またやってきて、同じことを繰り返す。

家斉はうんざりである。

そのうち、

「このようになさってはいかがでしょう」

と、ようやく自分の考えをつたえた。

なんとも鬱陶しく思われるが、このおかげで家斉は他の将軍よりもはるかに政治にくわしくなった。定信が失脚したあと、老中が、

「上様はどうしてそんなことまでご存じなのでしょう」

と驚くと、

「定信が教えてくれたのよ」

とこたえたそうだ。また、定信の苦言を懐かしがってもいたらしい。

松平定信という人は、例の田沼意次の賄賂政治とくらべられた、

「白河の清き流れに耐えかねて　もとの濁りの田沼ぞ恋しき」

という有名な狂歌からくる印象で、よほどお固い人物に思われがちである。

しかし、実際には風流を愛し、やわらかいところもある人物だった。

若いころには、自分の性的体験をつづったり、大名を茶化して描いたりした『大名かたぎ』なる戯作まで書いたりした。

それくらいだから、自分が風紀紊乱の罪で処罰した、売れっ子戯作者・山東京伝の才

能も充分わかっていた。

出版元の蔦屋重三郎は、財産が半減となったが、京伝は五十日の手鎖《てぐさり》の刑だった。

京伝はこの事件でますます知名度が高まり、

「牛を追う童たちでさえ、その名を知っている」

といわれるほどになった。

しかも、定信はじつは京伝のファンで、政局をしりぞいた後、自身が書いたらしい浮世絵本の『吉原十二時絵詞』の詞書を、京伝に書いてもらい、それを大事に秘蔵していたほどだった。あるいは、ひそかに対面することもあったかもしれない。

松平定信は三十歳で老中となり、七年間で退任してしまった。その後、七十二歳で没するまで、楽翁、花月翁など号して、悠々自適の生活を楽しんだ。

上野にある凮月堂という江戸時代からつづく有名なお菓子屋さんの名前も、松平定信が選授した「凮月堂清白」を当時、書家として第一人者の市川米庵に書かせて暖簾にしたものだ。戦前の凮月堂と書いた暖簾の写真も残っている。

パリのシャンゼリゼに、フーケツという著名な喫茶店があり、日本の洋食通の人が、凮月堂という名前は物まね上手の日本人がフーケツに似せてつけた等と本に書いているが、定信がパリのシャンゼリゼの店を知っていたとは考えられない。私が子供の頃、祖母の部屋に行くといつも凮月堂のゴーフルの缶があって、おやつにいただいたものだ。

北の丸の元田安家屋敷跡は、意外な絶景ポイントである

丸の内の会社に通っていたころ、通勤の行き帰りで時間に余裕があるとき、皇居の周囲をずいぶん歩きまわったものだ。

千鳥ヶ淵のそばもよく通った。水鳥がきていると、しばしば立ち止まって眺めた。カモメを多く見かけるときは、海が荒れているのだとわかった。

千鳥ヶ淵は桜の名所として知られるが、一方、大手門前のお濠端のヤナギの木が、冬になってもいつまでも青い葉をつけているのも印象的だった。

皇居東御苑をぬけて北の丸公園のほうに入っていくと、田安館があったあたりに出る。現在、武道館があるあたりが、かつての田安館があったところらしい。いまは、まったく面影をしのぶことはできない。

武道館ができるときは、その場所はもう、我が家とは何の関係もなかったが、それでもいちおう、ご先祖にゆかりの地に武道館ができるという挨拶があった。完成のお披露

目のときは、招待状もいただいたが、海外にいたため行けなかった。

だが、その後、武道館はしばしば訪れている。わたしが勤務した会社の社長をされていた土光敏夫さんの葬儀がここでおこなわれたし、東京音楽祭やフリオ・イグレシアスの公演も娘と聴きにいったりした。私事だが、娘は音楽が趣味で、子どものころＮＨＫテレビの『ピアノのおけいこ』に連続出演したこともあった。

田安館は、明治になると新政府に収公され、その後は、近衛連隊の建物などが置かれた。もちろん、わたしはそこに住んだこともなければ、なんの思い出もない。

ただ、田安門の前の九段坂には、野々宮アパートという、東京ではもっとも斬新な高級集合住宅があって、その建築様式を興味深く眺めたことは印象深い。

田安家にはほかに、四谷に下屋敷、箱崎あたりに中屋敷があったというが、こちらもわたしにはまったく縁がない。

皇居の北の丸には、ずいぶんきれいになった田安門がある。なかなか気づきにくいが、その門の裏側に階段がある。右手は武道館の事務棟のような建物と土手になっていて、ここを登りきると、ちょっとした高台に出る。小さな神社の祠や、樹齢も相当経たであろう大木が木陰をつくっている。

関東大震災の直後、ここで大正天皇が東京のようすを眺められたという場所でもある。前をのぞきこむようにすると、牛ヶ淵のお濠ははるか下のほうで、ここが東京のど真ん中とは思えないほどの絶景である。いまは、だいぶビルが立ち並んでしまったが、かつては東京の町並を、遠くまで眺めわたすことができただろう、と想像できる。

ここは、東京の意外なポイントで、武道館に出かけたおりなど、ちょっとのぞいてみたら面白いと思う。

現代の田安徳川家には、勤皇も佐幕も、開国派も攘夷派もすべて混じり合っている

幕末のころ、日本はイデオロギーやら利害関係が絡み合い、いくつもの派にわかれて争った。多くの血も流れ、百五十年近く経とうというのに、会津と長州のあいだには、いまだに和解できないような傷も残っているという。

だが、わたしは自分の家系を眺めるとき、こうして争ったことが嘘のような気がしてくる。

というのも、わたしの血には勤皇も佐幕も、開国派も攘夷派もすべてごっちゃになっ

て混じり合っているからである。

まず、八代将軍吉宗から御三卿の田安（本当は一橋）の流れで来た徳川の血がある。バリバリの佐幕のはずである。わたしのひい爺さんである田安慶頼《よしのり》は、十四代将軍の候補にもあげられていたという。

慶頼の幕末時の思想信条は、あまりはっきりしないのだが、田安家出身の松平春嶽は尊皇攘夷派の主流に近い公武合体派なのでややこしい。

また、わたしの祖父である達孝《さとたか》の妻（わたしの父の母にあたる）は、薩摩の島津斉彬の孫にあたる。斉彬といえば、幕末きっての開明派といわれ、早くから蘭学を学び、ローマ字で日記をつけていたくらいの人である。倒幕の口火を切った人と見なす人もいる。

わたしの母は、元大垣藩主の戸田家で生まれ育った。曾祖父の戸田氏共《うじたか》は、十二歳で大垣藩十万石の藩主となり、長州征伐のときは幕府軍に従って参戦した。また、王政復古の大号令が出た翌年、鳥羽街道で錦の御旗めがけて発砲し、いわゆる鳥羽伏見の戦いのきっかけをつくったのも、大垣藩だったという。しかし、有栖川宮の征東軍では官軍となり、その先鋒をつとめたという複雑さである。

この曾祖父と結婚した曾祖母の戸田極子《きわこ》は、岩倉具視の娘である。岩倉は皇女和宮の、十四代将軍家茂への降嫁を推進した公卿だが、結果的には薩摩の大久保や西郷と手を組んで、倒幕に大きな役割を果たした。

こんなふうに、わたしの血の中には、幕末の京都のようにさまざまなイデオロギーや利害、立場がごちゃごちゃに入り乱れている。身体の中で、毎晩、池田屋事件やら蛤御門の変が起きているのではないか、と不安になりそうだ。

一義的に坂本竜馬に肩入れしたり、会津藩に同情したりといったことができれば、気持ちもすっきりするだろうが、わたしの場合、なかなかそうはいかない。体内同士討ちのようなことになってしまうため、わたしはどうしても冷やかな視線にならざるを得ない。

徳川家の子孫だからといって莫大な財宝があるとは限らない

やはり、徳川の係累につながる家の奥さまが、

「どうして我が家には宝物がないのかしらね」

と、嘆いたことがあるそうだ。

わたしの妻は幸いそんな嘆きは口にしないが、宝物がないことについては、わが田安家も同様である。

世間の人たちは、徳川家というと先祖代々の財宝秘宝をいっぱい隠し持っているというイメージがあるらしいが、決してそんなことはない。たしかに、徳川時代の田安家は暮らしも楽だったろうし、明治大正時代も伯爵家として、一般の人たちから見たら豪勢な暮らしを送っていただろう。

だが、明治維新で新政府に収公され、関東大震災や戦争で焼け、それでも浪費の癖が抜けなかった先祖たちはどんどん財産を減らし、ついには戦後のきびしい財産税でとどめをうたれた。

したがって、いわゆるお宝のようなものはほとんど残っていないのが実情である。

もともと、田安家という家は、子孫に役立つような宝にはあまり興味を持たなかった。吉宗の第二子だった宗武は、兄家重とはずいぶんちがった。人名辞典などをひくと、宗武は徳川ではなく、「田安宗武」であり、国学者、歌人としての扱いである。田安徳川家の祖とも書いていないくらいだ。

たしかに、小さな人名辞典にも載るくらいだから、当時、第一級の国学者であり、歌人だったようだ。

とくに荷田在満《かだのありまろ》と賀茂真淵という国学者とは交流が深く、宗武を中心にしたこの二人との『国歌八論』についての論争は、近世の歌壇に大きな波紋を投じた。また、真淵の業績は宗武の支援があったからだともいわれる。

宗武は、自分でも歌をつくり、『天降言《あもりごと》』という歌集を編んだほか、『古事記』や『小倉百人一首』など古典についての著作も多い。そのほか、楽曲や服飾についての研究でも、多くの業績を残している。

初代宗武がこうなので、その後、田安家をついだ人たちも歌をつくったり、書画をかいたりする趣味に没頭した。

こういう人たちは、子孫のため、蔵に金塊をしまいこんでくれたりはしない。もっぱら、高価な書物などに大枚をはたいたりする。書物というのがまた、火事やらなにやらで失いやすい。しかも、いざというとき、高く引き取ってもらうのは難しかったりする。

こうした書物は、田安文庫（田藩文庫ともいう）として保管されている。この田安文庫の書物については、わたしの弟の娘が研究し、本などにもまとめているが、文化的な財産はなかなか子孫を直截的に潤わせてはくれない。

また、そうしたものは蔵にしまいこんだりするより、多くの人や研究者に公開すべきだと思うので、学校等の図書館に寄託してあり、売ることは考えられない。

ときどき、子どものころ見た光景がふうっと蘇ることがある。つくづく美しかったと思うのは、お雛さまである。

雛祭りが近づくと、ふだんつかっていない広い二階の和室に、お雛さまがたくさん並べられた。

これらは、いまの五段飾りとか七段飾りといったものではなく、ほとんどが内裏雛で、先祖が女の子が産まれるたびに揃えたものだったのだろう。それらが何段にもたくさん並んださまは、まさに圧巻だった。

なかでももっとも豪華だったのは、戸田家から嫁にきた母が実家から持ってきたもので、これは二畳くらいの広さに御殿ができていて、そのなかにお内裏さまとお雛さまが座っていた。平安時代の天皇皇后もかくやと思えるもので、子ども心にもため息が出るほどだった。これらの雛飾りも、空襲ですべて焼けてしまった。

ただ、尾張の徳川家では幸いなことに、こうした雛飾りが残されていて、それらは雛祭りのころに、徳川美術館で陳列される。ここの雛飾りは、わたしが子どものころに見たもの以上に、大変素晴らしいものである。おそらくあんな雛飾りは、もう二度とつくれないだろう。これはぜひ、一度、ご覧になることをお勧めする。

田安徳川家では、洗面は座って行なう

田安家の九代目の当主だった祖父が亡くなったのは、昭和十六年の二月だった。祖父は、大正天皇の侍従長をしていた。もっとも、わたしは昭和の生まれであるから、侍従長時代の祖父は知らない。

ただ、家には、皇室からのお下がりがたくさんあったことを覚えている。大正時代というのは景気のよかった時代で、そのせいもあったため、陛下のお下がりのラクダの毛の冬シャツなどが、家のタンスにたくさん入っていた。

そのラクダのシャツは、わたしも着せられた。

祖父には怖いという記憶も、怒られたという記憶もない。だいたいが、ずっと宮内省に勤務していたので、昼間はほとんどいなかった。ただ、当時は大変な老人という印象だった。深ゴムと呼ばれる靴を愛用していて、外出の時は、和室と洋室の境のところでこの靴に履き替えていたことも覚えている。海外で身につけた習慣だが、子どものわた

しから見たら、

（家の中なのに靴をはいているなんて、変だな……）

と思っていた。

その祖父に連れ添った祖母は、島津家から嫁にやってきた。幕末の開明的な藩主として知られる島津斉彬の孫にあたる人だった。

祖母のことでよく覚えているのは、着物の帯をつけるときは帯を自分の手でまわすのではなく、くるくると自分の身体を回転させていたことである。

もちろん、そうするには誰かが帯を持っていなくてはならない。まさに、お姫さまの着替えだった。

また、祖父母は畳敷きの和室で、数人が並んで使える長い大きな坐式の洗面流しの前に座って顔を洗っていた。蛇口には、ガーゼの袋をかぶせて、水はねを防いであった。石鹸は、上からヒモでぶら下げられた丸い玉型のものだ。たぶん舶来物だろうが、石鹸入れに置くのとちがって、すぐに乾く。いま、石鹸を網の袋に入れて吊るしている人もいるが、見た目も感触も、昔の玉型はエレガントだった。

母方の戸田家では、わたしが小学生になるころまで存命だった曾祖父が、印象に残っている。曾祖父は、いつもゆったりとエジプト煙草をくゆらしていた。

曾祖父は、明治初年にオーストリアの公使（いまの大使にあたる）をしていたことがある。そのとき、公使館にブラームスがやってきたことがあり、曾祖母は得意だったお琴を演奏して聞かせてあげたのだという。そのお礼に、ブラームスからサイン入りの楽譜をもらっている。このときの光景を絵にしたものが、割合最近の院展に出品された。椅子に寄りかかってお琴に聞き入るブラームスと、ローブデコルテ姿でお琴をひく曾祖母が描かれている。

ブラームスなどというと、はるか遠い昔の人のようだが、曾祖母と会っていたことを思うと、ついこのあいだの人なのである。

曾祖母の名は、戸田極子といって、明治の社交界を絢爛と彩った人でもあった。

「鹿鳴館の華」

ともいわれ、伊藤博文に懸想されたが、どうにか逃げきったとかいう逸話は知る人ぞ知る。曾祖母がダンスを踊った鹿鳴館では、ヨハン・シュトラウスの《ウィンナー・ワルツ》が、最新流行の曲として奏でられていたのだった。

第七章　江戸城大奥はいいところか？

皇居お濠端には、江戸時代は何もなかった

東京も、江戸のたたずまいが残るところは、本当に少なくなった。

長年つとめた会社が、石川島と縁が深いことがあって、すぐ隣の佃島はよく散策した。路地の風情などは、いかにも懐かしい空気がただよっていた。

だが、あのあたりも、徐々に昔の面影を失いつつあるようだ。

いまの皇居、かつての江戸城こそは、江戸の面影を残していてもよさそうであるが、ここもまた、往時とはだいぶちがった景色になってしまっている。

だいたい江戸城は、明治維新のときに大きく変貌した。

明治元年には、紅葉山から徳川家の霊廟が取り払われた。

明治三年から、城門や橋がつぎつぎに壊されていった。

このころ、江戸城の内外を写した写真を見ると、ずいぶん荒れ果てている。

最近になって、明治初期の江戸城を写した写真がたくさん発見されている。その中に

田安門付近を写した写真もある。

あのあたりは、いまは大きな桜の木があったりして、立派な雰囲気が漂っているが、幕末や維新のころは、何もないのである。閑散としていて、荷車が置いてあったり、人が歩いたりもしている。どうということのない江戸の町の一画、という感じもする。

田安門も写っていて、いまは大層、立派なたたずまいだが、その頃は壁が剝げていたりして、相当に見すぼらしい。将軍が去ってしまったあと、建物もあっという間に傷んでしまったのだろう。

なお、皇居のお濠端の桜だが、あれは染井吉野である。染井吉野は江戸の末期にできた新種の桜であって、少なくとも徳川将軍が江戸城にいたころは、あんな大木にはなっていないだろう。

当時の写真でも、松の大木が多くあるのは目立つが、桜らしい木は見当たらない。通路なども樹木どころか、草ぼうぼうといった感じで、いまの皇居のたたずまいのほうが、よほどイメージの江戸城に近いといえる。

江戸城の建物は、明治六年に、皇居から出火した火事で、かつての御殿はすべて焼失してしまう。

この時点で、江戸城の建物には、外構えや本丸跡等の一部残っている以外は、徳川時代の面影はほとんど消えていたのだろう。

その後、明治二十一年に明治政府によって宮殿が完成した。これは素晴らしい立派な建造物で、昭和に入っても改修されずに使用された。

だが、これらの宮殿も昭和二十年五月の空襲の時、類焼し、皇居は灰塵に帰してしまった。

なお、現在、川越市の喜多院（通称川越大師）には、家光の時代の寛永十五年（一六三八）に江戸城から移築されたといわれる客殿と書院が残っている。

大奥には、将軍でも自由に入れなかった

大奥がどんな感じのところかを、自分の経験から書くことは不可能である。

幼年時代を過ごした三田綱町の屋敷は大きかったが、母屋とは別に使用人の女性たちだけが住んでいる二階建ての棟が、渡り廊下の先にあった。そこには何人ほどの女性がいたのだろうか。

あるとき学校で、

「きみたちの家には何人くらいの女中さんがいるか」

と先生に訊かれたことがあった。わたしはそれまで考えたこともなかったが、だいたいの見当で、

「二、三十人くらい」

と答えたことは覚えている。

その別棟には、子どもは行ってはいけないことになっていた。行っては駄目といわれると、行ってみたくなるのが子どもである。あるとき、誰にも内緒でその棟に足を踏み入れた。

すると、わたしを見つけた女中さんたちは、

「若（ばか）様だ！」

といいながら、あっという間にどこかに消えてしまった。追いかける暇もなかった。

なお、子どものころ、わたしは表で事務等を取っている人たちからも、女中さんたちからも、「若様」と呼ばれていたが、わたしには「わか」とは聞こえず、「ばか」と「わか」の中間より「ばか」に近い感じに聞こえていたのである。

わたしが二階に上がったとき、棟全体はしーんと静まりかえっていて、誰一人いなかった。声一つ聞こえなかった。階段が二つあったので、向こうの階段から降りたのだ。

あそこが大奥と似ていたとはいちがいにいえないが、大勢の二十歳前後の未婚の女性

が住み込みで生活していたところだとすると、大奥の一部に似たような雰囲気もあったかもしれない。悪いことをしたような気がしたので、あとにも先にもそこへいったのはそのときだけだ。

昔の大奥は、電灯もなく、大きくて広い部屋や入側《いりかわ》がつづいていて、夜など迷子になったらとても怖かったのではないか。三田の家にもこういう部屋があった。昼間も中の部屋には外からの光がなかなか届かないから、ふすまを閉めたらほとんど真っ暗となり、子どもたちはこの部屋のことを、

「暗いお部屋」

と呼んでいた。

ところで、大奥というのは、家康のころにはまだできていなかった。できたのは二代目秀忠のときだが、秀忠は恐妻家で、とても複数の女性をかこうような、だいそれた真似はできない。

それでも、《大奥》は政治をおこなう場所である《表》や、将軍が生活する場である《中奥》とは、厳然とわけへだてられた女の世界になった。

ここのあるじは、将軍の正室（御台所、あるいは御台さまと呼ばれた）である。

将軍はここに客のようなかたちでおとずれ、さまざまな饗応がなされるのだ。

最初の大奥の掟では、男子禁制であることや、夜の出入りの禁止などが定められ、そ

れは徐々にきびしさをましていった。

秀忠から家光の時代になり、大奥で春日局が実権をにぎるようになると、後年までつづく大奥のしきたりが完成されていく。

大奥は、将軍といえども、好きなときにいけるわけではなかった。

というのも、江戸城には《もの日》といわれる厳粛な日がある。たとえば、紅葉山参拝や歴代将軍の命日、あるいは母や近親者の命日などである。こういう日には女性を近づけてはいけない。それもその日だけでなく前の晩の夜からである。

これが家光あたりまではまだよかったが、歴代将軍や近親者の数もだんだんふえていった江戸も最後のほうの将軍になると、大奥に泊まることができる日は、月にせいぜい十日もなかったということである。

将軍は大奥で入浴することができなかった

最初に大奥ができたころ、将軍は大奥で風呂に入っていた。

三代将軍家光もまた、大奥の広い風呂で気持ちよくくつろいでいた。江戸初期は蒸し風呂が主流だったというが、大奥ではわれわれにもなじみの湯船のある風呂だった。

ここに一人で入るわけではない。

背中を流してくれたりする者がいる。

いや、背中どころか、全身を糠袋で洗ってもらう。その役目は、お末と呼ばれる大奥ではいちばん下級の女中である。

この日、家光の背中を流したのは、お夏という京都生まれの娘だった。

お夏は肌着一枚になり、裾をからげて、一生懸命、家光の身体を洗っている。水にも濡れれば、汗もかく。薄い肌着はぴたりとはりつき、どうしてもお夏の身体の線はあらわになってしまったことだろう。

「お夏。ちょっと、おいで」

と、家光はつい手を出してしまった。無理もないような気もする。

お夏は、このただ一度の湯殿の情事で懐妊してしまった。

そして、無事に男子を出産。すると、下っぱのお末がいきなりお夏の方と呼ばれるお部屋さまである。

これには他の御中﨟たちが腹を立てた。

「御湯殿の子でしょう」

正式のベッドでできた子ではないというのである。

「上様の隙を突いたわけね」

なんといわれようが、できてしまったら勝ちである。

単なる嫉妬だが、嫉妬を馬鹿にすると、大奥では大変なことになる。

そこで「御湯殿の子」ができないよう、以後、将軍は大奥ではなく、中奥で風呂に入ってくることになった。もちろん、アカすり役も御小納戸役の男である。

うかうかお風呂にも入れないという大奥で、将軍は本当にくつろげたのだろうか。

将軍が入らなくなったあとも、もちろん大奥にお風呂はあった。

三田村鳶魚の『御殿女中』などを読むと、御台さまたちが入る風呂は下からわかすのではなく、別のところでわかしたお湯を持ってきて、そこで水と混ぜてちょうどいい湯加減にしていたらしい。中奥の将軍の風呂もそんな按配である。

だが、別の本などを見ると、直接、下からわかす風呂もあったらしい。こちらは御台さまが入る風呂ではなく、奥女中が自分たちでわかして入る風呂だったようだ。

たしかに、大奥には三百人から八百人の女がいたのだから、いちいちお湯を運んでいたら、手間がかかって仕方がないだろう。

大奥のボスの御年寄には、すさまじい権力があった

大奥というところは、恐ろしいほど上下関係がきびしいところだった。だが、これは女の世界だからというわけではなく、江戸城全体がそういうところだったのだろう。時代によって多少ちがうが、だいたい次の順になっていた。

上臈年寄、御年寄、御客応答、御中臈、御錠口、表使、御右筆頭、御次頭、御右筆、御右筆助、御錠口助、御次、御切手書、呉服之間頭、御広敷頭、御三之間頭、御伽坊主、呉服之間、御広座敷、御三之間、御末頭、御火之番頭、御使番頭、御仲居、御仲居助、御火之番、御使番、御半下という順である。

じつに細かくわかれている。

上臈年寄がいちばん上ということになるが、これは公家の出身者にかぎられていて、実権はほとんどないといえる。茶の湯や生け花、香合わせといった御台さまのみやびなお遊びの相手をするのがおもな仕事である。ただ、御台所に何事かあったときには身代

わりに立つという重責はあった。

大奥の実権をにぎったのは、その下の御年寄だった。

先の順番を見て、

「あれ。お局さまがないですね」

と思った人は、テレビの大奥ものの見すぎではないか。そのお局さまは、御年寄の別称である。

御年寄といっても、老婆とはかぎらない。

ただ、ひとりだけではなく、いちおう定員は七人とされていた。そうなると、当然、御年寄同士の権力争いもあったはずである。

それどころか、御年寄になると、表の老中とも喧嘩をしたという。

松平定信が老中だったころに、御年寄の大崎とのあいだで口論になった。

節約をせまる定信に、大崎が、

「御同役。それは無理でしょう」

と、こたえた。その御同役といういいかたに定信はむっとした。

「同役とはおかしなことをいう。大奥に老中がおありか」

しかし、大崎は一歩もひかない。

このときは、家斉の時代で、大奥がもっとも栄えたときである。しかも、大崎は家治のころから年寄をつとめていて、たいそうな権勢をほこっていた。

「老中も年寄も、おなじく上さまにおつかえする身。なんのちがいがござろう」

この剣幕に、定信は返す言葉をなくしたという。

結局、定信はその後も大奥から総スカンをくい、ついには老中罷免の原因のひとつになったともいわれている。怖いのである、大奥は。

飛び込み自殺が多いので、ふたをされた井戸が大奥にあった

大奥では、誰かがいなくなったりすると、必ず井戸の中をしらべた。というのも、大奥で自殺する場合、井戸に飛び込むことが多かったからだ。

ある女中は旦那（大奥の部屋の主人）が気むずかしくて、宿下がりを何度願い出ても許してくれない。宿下がりというのは、実家に少しのあいだもどってくることで、大奥の女中たちの楽しみだった。

それが駄目なものだから、とうとう思い余って井戸に飛び込んで死んでしまった。

江戸城の本丸には、掘り井戸が十七カ所あったが、この井戸は大奥の、御年寄など最上級の奥女中が暮らす一之側の長局の西にあった。そこに女の霊が残ってしまったのだという。なぜなら、以後、この井戸に飛び込む女たちがあいついだからである。

文政年間のころまで、ここに飛び込んだ女の数は十二人にもおよんだ。大奥の自殺の名所である。

そこで、御火之番が暮れになるとこの井戸にフタをして、さらにカギをかけることにした。

ところが……。ある、下っぱの女中が、フタをされる前にこの井戸のところにやってきて、綱をつたって下におりてしまった。水にもぐって死のうとは思ったが、飛び込むほどの勢いはなかったらしい。御火之番は知らずにカギをかけていった。

やがて、この女がいないことがわかって、大奥は大さわぎになった。方々探すが見つからない。まさかカギをかけた井戸の中にいるとは思わない。

八ツ過ぎ（午前二時ごろ）になって、

「おーい、おーい」

と、井戸の底から女の声が聞こえてくるではないか。急いでフタをあけ、中の女中を大きなザルに乗せて引っ張りあげた。

わけを訊いてみると、この女中は大奥に入る前に身ごもっていたのが、だんだんごまかしようもなくなり、思い余って自殺を考えたということだった。

こんなに大勢、飛び込む者があいつぐようでは、どうしようもない。結局、この井戸はとりつぶされてしまったそうだ。

いま、皇居の大奥があったあたりにいってみると、本丸一帯が高台になっているのがよくわかる。ここで井戸を掘るのには、いったいどれだけ掘り下げなければならなかったのか。さぞかし深い井戸であり、上からのぞきこめば真っ暗で、反響音も恐ろしいほどだったにちがいない。

そんなところに、飛び込まなければならなかった女たちのことを思うと、哀れさを覚える。

大奥には幽霊が出るあかずの間があった

大奥には、数々の怪談話があった。

たとえば、乗物部屋でおきた奇怪な話……。

おりゅうという奥女中が突然、姿を見せなくなった。さんざん探しまわったが、どこにもいない。四日目に、乗物をおいた部屋をもう一度、点検してみると、若年寄の藤島が乗る駕籠の中で、おりゅうは血にまみれて死んでいた。

この乗物部屋は、ふだん厳重にカギをかけられ、そっと忍びこむことなどできない。しかも、駕籠は箱にいれて丁重に保存されていた。そこに、どうやっておりゅうの死体を押しこんだのか……。大奥の女たちは、これはまさしく化け物のしわざだ、と震えあがった。

あるいは、おせきという女中の呪い……。

御三之間につとめるおせきが、二階の自分の部屋で喉をついて死んだ。おびただしい血が下の一階の部屋にまでしたたり落ちていた。

その後、おせきが死んだ部屋では自殺者があいつぎ、ついにこの部屋を空き部屋にしてしまった。

大奥は閉ざされた空間である。大奥女中の日常の住まいである長局の軒から軒へは、外からの侵入者を防ぐための大きな金網が渡されていて、中にいる人にとってはまさに籠の鳥のようであったという。

そこに女たちが、男ひでりで欲求不満になりながら、退屈をもてあましていた。

ましてや、夜の大奥は暗く、だだっぴろく、しんとしずまりかえる。わたしには、艶っぽいどころか、怖い場所だったように思える。

だから、恐ろしい話はたくさんある。

なかでもきわめつきが、大奥にほんとうにあったあかずの間のいいつたえ。それは宇治の間という二十五畳ほどの大きな部屋で、大奥のそのまた奥、将軍の寝所に近いあたりにあった。

かつては、将軍の正室がふだんの生活をする部屋だった。だが、五代将軍綱吉はなぜか将軍の間ではなく、この部屋で亡くなっている。それ以来、部屋は釘づけされてあかずの間になった。

幽霊が出るという噂のきっかけになったのは、綱吉がじつは病死ではなく、ここで正室の信子に刺し殺されたからだというのだ。綱吉が、すでに決定している次期将軍をおしのけて、あやしげな幼君に将軍の座をゆずる気でいたという。正室はそれを非道であるとうったえ、きかぬ綱吉を懐剣でぶすりと……。

太宰春台著といわれる『三王外記』や神沢貞幹の『翁草』などにそう書かれてはいるが、真実はわからない。が、大奥のほとんどの女たちは、殺されたと信じていたのではないか。そうでなければ、釘づけなどされるはずがないと。

このとき、信子を助けて綱吉にとどめをうたせた御年寄がいた。信子といっしょに自害している。その御年寄の亡霊が、幕末にいたるまで、ときおり出たらしい。

嘉永六年（一八五三）のことである。

十二代将軍家慶が御中臈たちと大奥を歩いていると、むこうにある宇治の間の前で、黒い紋付きを着た老女が手をついている。家慶は見たことがない女である。

「あれは誰じゃ」

「どの者にございましょう」

「ほれ、宇治の間の前に座っておる老女よ」

家慶が訊いても、誰も知らない。それどころか、誰もその姿が見えないのだ。皆、ついに出たと内心で思った。

宇治の間に亡霊が出ると、不吉なことがおきるといわれてきた。

事実、ちょうど同じころに浦賀に黒船がやってきた。それは徳川幕府にとって恐ろしいことをもたらすかもしれない。

とっさに御中臈の一人が気をきかせた。

「あれは呉服の間の者にございます」

家慶は納得したが、それからまもなくして発病し、あっけないほどに亡くなってしまった。享年六十一だった。大奥の女たちは、やはりあれは宇治の間の亡霊……と、噂したという。

こうした話の出どころとなったのは、天璋院の御中臈をつとめた大岡ませ子という人が、明治になって語った話である。この談話をまとめたのが、三田村鳶魚の『御殿女中』で、とかく謎の多い大奥の貴重な資料となった。

大岡ませ子によれば、この宇治の間は、官軍に江戸城が収公されたとき、ひさしぶりに開けられた。襖には宇治の茶摘みのようすが色鮮やかに描かれ、それは美しい部屋であったといわれる。

なお、江戸城は綱吉時代のあとも火災で建て替えられたが、宇治の間は立て替えのときもほとんど同じ場所につくられ、後世では物置として使われたらしい。

将軍が食べる米は、大奥のお女中が一粒ずつ選んだ

大奥の料理につかわれる材料は、一級品ばかりが吟味された。

米にしてからも、大きくて上質なものを、大奥のお女中たちが一粒ずつ選んでいた。大変な作業である。

だが、それでおいしかったかというと、それほどではなかったと思われる。

まず、将軍や御台所は、ほかほかのあったかいご飯というものは食べたことがない。台所でつくったものをさんざん毒味して、それから長い廊下をのそのそ運んできて、ふたたび毒味をしたりするので、すっかり冷めてしまっているのだ。

しかも、ご飯は炊くのではなく、蒸したものだから、変な赤飯みたいな感じで、どちらかといえばいまのお弁当のご飯のようなものであったと考えられる。

もっとも将軍は、それしか食べたことがないのだから、ご飯とはこういうものだと思っていたかもしれない。

将軍と御台所の食事をつくるところは、大奥というより中奥のほうにあった。

御広敷御膳所とよばれ、二百坪の広さがあった。ここで三十人の調理人と四十人の下働きがいっしょに料理をつくっていた。調理人や下働きはみな、男である。

できあがった料理は、必ず毒味される。これは、小納戸御膳番という役目の者の仕事である。異常がなければ、小姓がそれを運んでいく。

大奥へは、御錠口というところまで持っていく。ここから奥女中がいったん御膳所にはこびこみ、ふたたび温めなおしたり、盛りつけたりした。ここでも奥女中の毒味はおこなわれる。

こうして将軍や御台所が食事をする御休息の間へ、はこばれるのだ。

ただし、将軍は中奥で食事を取ることのほうがずっと多く、御台所といっしょに会話を楽しみながら食べるなんてことはほとんどなかった。

食事の量は、かなり多めにつくられている。将軍の食事の量がどれくらいであったかは、秤できちんと調べられた。奥医師が、健康管理のデータとして訊いたりするからである。

残ったものは、当番の奥女中たちが食べることになっていたらしい。

では、他の奥女中たちの食事はどうしていたのだろう。

こちらは、勝手につくって食べていた。皆、何人かずつのグループに入っていて、そのグループごとにつくるのである。食材は大奥にとどけられるものだから、どれも一級品である。

しかも、できたての熱々を食べられるのだから、こちらのほうが将軍や御台所の食事よりずっとおいしかったのではなかろうか。

大奥が火事になったとき、畳を裏返した理由とは？

大奥というところは、とにかく広かった。

江戸城の本丸の建坪は、一万千三百余坪。そのうち大奥にあたる部分は六千三百坪。半分以上を占めていたのである。

一万千三百余坪を平方メートルになおせば、約三万七千平方メートルにもなる。現代のマンションの広さが、平均七十平方メートルくらいだとして、およそ五百戸分が横に広がっていることになる（大奥は一部二階建て）。将軍や時代によってもちがうが、そこに三百人から八百人ほどが暮らしていた。

これでは、新参の女中が迷ってしまってもどれなくなったというのも無理はない。大奥の後ろには天守閣があったが、その天守閣がどこにあるのか知らなかった奥女中もいたくらいである。

江戸城の天守閣が炎上した明暦の大火（西暦一六五七年のこと）のときだった。

正室や奥女中たちは、大奥に閉じ込められた。彼女たちは、大奥から抜け出る方法さえ知らない。ましてや、現代のビルなどにある非常口をしめすような案内板があるわけではない。

そのとき、《知恵伊豆》とまであだ名された松平信綱（老中阿部忠秋だったという説もある）が、大奥から中奥、さらに表をとおっていったん外に出、西の丸まで逃げるよう指示を出した。そして、道がわからない彼女たちのため、通り道にあたる本丸の畳を裏返しにして、そこをたどって逃げるようにしたのである。

まことに素晴らしい知恵ではないか。

このおかげで、彼女たちは道に迷うことなく、無事、脱出できたのだった。

ちなみに、わたしの母方の祖父・戸田氏秀は、大河内家というところから婿に入ったのだが、この大河内をたどっていくと、およそ十数代先でこの《知恵伊豆》こと松平信綱にぶつかる。

知恵伊豆の知恵がわたしにまでつたわってきていたら嬉しいのだが、なにせ十数代も前のことである。田安が突然、一橋の血に変わっていたりする時代なのだ。

なお、大奥はこのとき以外にも何度も火事で焼失している。

文久三年の火事のときは、本丸からどうにか避難した奥女中たちが吹上の森のほうへ逃げ込んだ。ところが、右も左もわからなくなり、山の中に逃げ込んでしまったと勘違いした女中もいた。

江戸のど真ん中で山の奥もないだろうが、長いあいだ大奥で閉ざされた暮らしをしていると、地理の感覚もマヒしてしまうのかもしれない。

大奥の地図が、外国に持ち出されたことがある

江戸城の中というのは、当然のことながら最高機密になっていた。江戸の古地図を見ても、城のあたりは葵の紋が描かれているだけで、中はどうなっているのかさっぱりわからない。多少、出入りしたことがある武士はともかく、江戸の庶民たちにとっては想像すらできないミステリーゾーンだっただろう。

ただし、町人が堂々と大手門から江戸城に入れるときはあった。町入能《まちいりのう》といい、朝廷からの勅使が毎年三月一日に年始の礼と四海泰平を祝って下向するときなどに、勅使饗応のため、城内大広間前の表舞台で能が催されたのである。

これは諸大名も拝観するが、江戸八百八町の家主《いえぬし》を一町二人ずつ招いて観能させてい

た。お弁当やおみやげまで出たという。

ところが、江戸城という国家の最高機密……しかも将軍が暮らす大奥の見取り図まで書き込んだ城内の地図が、外国人に盗まれ、国外に流出していた、というのだから驚きである。

詳しい話は、『文政十一年のスパイ合戦』（秦新二著・文藝春秋刊）という大変面白い本に書かれているが、このあるまじきできごとは有名なシーボルト事件の中で起きた。

シーボルトは長崎から江戸にやってきて、将軍家斉にも会っているが、江戸城をおとずれたときにおよそ三時間ほど、紅葉山文庫に入って、さまざまな地図を見ていったのだという。そして、自分が欲しい地図を物色し、その写しを取るよう、天文方筆頭の高橋景保に依頼した。

高橋景保は、やはり天文方にいた父・至時《よしとき》の長男である。高橋至時という人は、伊能忠敬が師として尊敬した人で、人格的にもすぐれた人であったイメージがある。その息子で書物奉行にも出世したのが景保なので、なんとなくいいイメージがあった。だが、『文政十一年のスパイ合戦』を読むかぎりでは、かなり癖のある人だったらしい。

景保は、シーボルトが持っていたクルーゼンシュテルンの『世界周航記』やプラネタリウムなどが欲しくて、伊能忠敬の日本図や間宮林蔵の蝦夷全図などといっしょに、江戸城本丸図を提供してしまった。

シーボルトが禁制の地図を持ち出そうとしたことは、偶然に船が嵐によって難破したために発覚。江戸城を揺るがす大事件になった。ただ、見つかったのは日本図などで、本丸図を写した『江戸御城内御住居之図』は発見されなかった。

紅葉山文庫内の本丸図を高橋景保の命令で写したのは、表火番の岡田東輔だったが、岡田は事件が発覚するとすぐに自決。高橋景保も獄中死したが、本丸図の写しについては自白していなかった。日本図でさえ大騒ぎになったのだから、もしも江戸城の地図がわたっていたことがわかったら、どれほどの騒ぎになっただろうか。

ともあれ、『江戸御城内御住居之図』は強制退去となったシーボルトによってひそかにオランダに持ち帰られ、オランダ政府が買い取っていたのだった。

シーボルトは、他に大坂城の地図も入手していて、これも同様にオランダにわたった。これらの地図はいま、オランダのライデン市のライデン大学図書館に保存されている。

それにしても、外国人に最高機密の地図をわたした高橋景保の心理というのは、不可解である。

将軍の正室は、トイレでおしりも拭いてもらった

将軍というのは、身の回りのことは他人まかせで、黙って座っていればたいがいのことは小姓などがやってくれた。それでも、正室の御台所ほどではない。御台所というのは、これはもう、まったくなにもしなかった。

御台所の朝は、お化粧からはじまる。これもすべて係の御中臈まかせ。御台所は、だまって座っているだけである。ただし、お歯黒こと鉄漿《かね》つけだけは自分でやった。

そのうち、朝食のお膳がはこばれてくる。髪をゆってもらいながら、朝食をいただいた。美容院で食事をするようなもので、とてもおいしそうには思えない。

この食事にしてからが、魚なら骨がぬかれ、果物なら皮がむかれ、ほとんど手を動かさずすむようになっていた。

食事は、昼も夜もこの調子である。

食事の途中、くしゃみでもしたとする。すると、御中臈がいそいで鼻紙をとって鼻水

をぬぐい、ちゃんと捨ててくれる。

トイレに立つのも、一人ではない。おつきの御中臈がいっしょにいって、用をすませれば紙をとって、お尻をふいてさしあげる。

逆に気持ちが悪いように思えるが、高貴な方々にはこんなことは当たり前だから、恥ずかしがりはしない。

これでは、手なんて汚れるはずがないのに、御台所は手は必ず二度洗う。きたないからではなく、そうすることがしきたりとなっていた。

御台所がつかうトイレは、入ったところが二畳の広さで、戸棚があってここに下帯や足袋などが入っており、ここで草履をはく。

そして、肝心の次の間に入る。ここが本来のトイレで、ここも二畳の広さ。床はヒノキの板柾張りである。中央に和式の穴があいている。

この穴は大変、深いものだった。汲み取り式のトイレでは、はねかえりの恐怖がつきものだったが、このトイレばかりはあまりの深さのため、そんな心配はない。万が一、落ちたりしたら大変なので、途中に鉄格子がはってあった。

あまりに深いため汲み取ることもほとんどなかったので、「万年」とも呼ばれていた。

ここにはいつも練香がおかれていて、芳香がただよっていた。この練香も切らさないよう、いつも誰かが確認を怠らなかった。

もっとも大奥では、ほとんどの座敷で練香が焚かれていたので、どこもいい匂いがしていたらしい。

こんなトイレを使い慣れてしまったら、外に出たとき、用をたすのは大変だろうが、いつも持参するおまるで、上手にすませていたということである。

将軍が手をつけたお女中を、同僚は「よごれたお方」と呼んだ

大奥を舞台にしたドラマでも、いちばんねっとりと描かれるのは、女同士の嫉妬である。誰が想像しても、それは凄まじいものであっただろう。

将軍はまわりにいる御中臈の中から、その夜のお相手を選んだ。

そのことを「御手がつく」といい、お相手をつとめた御中臈は「御手付き御中臈」とか、あるいは嫉妬まじりに「よごれたお方」などともいわれた。ずいぶん露骨な言い方もあったものである。

逆に、まだ「御手」のついていない御中臈は、「お清」とか「お清の御中臈」といわれた。これはこれで、意地の悪い冷たさがある。

女たちのあいだで、もっともイジメが激しくなるのは、なりあがりの御中臈が妊娠したときである。

家斉の御中臈で、御次女中のときに目をつけられてなりあがった娘がいた。この娘が妊娠したとわかったとき、同僚のイジメはひどかった。

むりやり庭につれだして、歩いている途中で突き飛ばした。この娘はころんだはずみに庭石にお腹をぶつけ、流産し、あげくには落胆のあまり自害してしまった。

家斉もさすがにこの御中臈のことをあわれみ、弟を小姓に取り立ててやったという。

御中臈が妊娠したとき、いちばん気をつけなければならないのは、攻撃といっていいほど悪質な嫌がらせである。

うしろから裾を踏む。風呂がわいたといって水風呂につからせる。なんとか流産させて、お部屋さまにさせないようにする。

助けてくれる年寄や仲間がいなければ、ライバルたちに葬り去られるばかりである。

だからこそ、大奥の出世の条件は、「一引き、二運、三器量」といわれた。

将軍にかわいがられた御中臈でも、やがて三十歳になると、「お褥御免」という習慣によって申し出を断らなければならなくなる。

もしも、断らずに夜のおつとめをしようものなら、

「スキモノね」とか、

「なんてスケベエなの」とか、

「湿深《しつぶか》でございますこと」などと、さんざんに厭味をいわれることになる。

なにせ、将軍の「御手」によって子どもができようものなら、次期将軍の御母上になってしまう。そうなれば、それまで下っぱ扱いされていようが、いきなり「お部屋さま」という正式な側室になる。

つまり、三十過ぎて将軍のお相手をつとめることは、別の御中臈のそういう可能性を摘み取ることにもなる。後進に道をゆずれというわけである。

将軍の夜の行為はすべて盗み聴きされ、翌朝、すべての会話が報告された

大奥には、通常の考えでは想像もできないしきたりが数々あったが、将軍の御中臈の

寝所におけるしきたりほど奇怪なものも、そうはないだろう。

将軍の寝室には、四つの床が敷かれた。

真ん中の二つは将軍と、その夜のお相手をつとめる御中臈の床である。

その両脇に、御添い寝の御中臈と、おとぎ坊主の床が敷かれている。

おとぎ坊主というのは、男ではない。年配の奥女中のうち、頭をそって尼僧のようになり、中奥と大奥の連絡係になっている者である。

ただし、この二人は将軍に背をむけて、じっと横になっている。将軍のほうを見たりしてはいけない。だが、眠ってもいけない。もちろん、笑ったりしてもいけなかっただろう。

この二人は、将軍の夜のいとなみのようすと、御中臈とする会話のいっさいを、聞き洩らさないよう耳をすませていなければならないのだ。

そして、朝になると、将軍とお相手のようすはどうであったか、くわしく報告しなければならない。これは大真面目な話なのである。

なぜ、こんなことをするかというと、後で御中臈が将軍の御子を身ごもったとき、本当に将軍の子か判断するためであるのがひとつ。外でしこんできた子を、将軍の御子などと偽られたら大変である。

もうひとつは、将軍のお相手におかしなおねだりをさせないためだった。

実際、それでかつて困ったことがおきている。

大奥の怪談話のところでも触れた話だが、五代将軍綱吉は、側用人の柳沢吉保をたいへん信頼し、重用して、柳沢吉保の屋敷にもひんぱんにおとずれていた。その柳沢吉保には染子という側室がいたが、綱吉が屋敷にきたときには、なんと自分の側室を提供していたというのだ。

染子は男の子を産み、吉里と名づけられた。その吉里は、じつは綱吉の子ではないかとうたがう者さえあった。

そして、染子はおとずれた綱吉との寝物語のさいにおねだりをし、吉里に甲斐の国百万石をあたえるというお墨つきまで書いてしまったというのだ。

この話、真偽のほどはさだかではない。

だが、この吉里を綱吉は跡継ぎにしたがっているという噂が、ついには正室信子の綱吉刺殺につながっていったともいわれている。

この一連の話が、お添い寝役が寝床でのおねだりを見はるという、奇怪な習慣のきっかけになったのだった。

第八章　その後の徳川家

日本で最初の野球試合は徳川家がおこなったらしい

母・徳川元子が書いた『遠いうた』という本には、こんな記述がある。

「(義父の達孝は) 慶応元年 (一八六五) の生れで、明治維新になって江戸城を追われ、三田綱町の地に移った時は、まだ三歳の時だったといいます。その後どういう生活をしていたのか聞いていませんが、成長してから外遊もし、アメリカから野球を覚えて来て、慶応義塾の綱町グラウンドで試合をしたのが、日本における野球試合の最初であったと聞いています。」

つまり、わたしの祖父が日本で最初の野球の試合をおこなった、というのである。

この話は、徳川の一族ではかなり信じられていたようだったが、どうもちょっとちがうらしいという話になってきた。

そのあたりは、石井研堂の『明治事物起原』の中の《野球の始め》という項目に次のように書かれている。

「本邦の野球戯は新橋停車場を中心として生まれ出でしなり。明治四年中、鉄道局技師平岡熈《ひろし》、汽車製造法研究のため米国に渡り、同六年に帰朝せり。ときに氏は、一本の棍棒と三個の硬い球を携へ帰りしが、これが今日都鄙に大流行の野球の胞子となりしなり。平岡氏は、公務の余暇に、三田の田安家に英語教授に出張せり。そのとき、英語の門下生を集めて、米国にて覚え来れる新技ベースボールを教へたり。ここにおいて、日本最初の野球団は、田安家の庭内に生まれ、練習は追々盛大になり、技術も日に巧妙になり、その趣味は、日ならずして都下各場に伝播せり」

つまり、わたしの祖父が最初の試合をしたのではなく、わたしの祖父がいた屋敷の庭で、最初の試合がおこなわれたというわけである。たしかに、明治六年ごろのことでは祖父はまだ九歳で、アメリカで野球を覚えてくる歳ではなかっただろう。

それでも、幼年のころにわたしが住んでいた田安家の庭ではじまったと思うと、これはこれで名誉なことではある。ところがこの説もまた、どうも怪しいという話になってしまったのだ。

なんとこれより二年前の明治四年に、横浜でベースボール・クラブが設立されていて、十月三十日に太平洋郵船のコロラド号の水夫チームと試合をやっていた。それはちゃんと、『ウィークリー・メイル』という新聞の記事になっているのだから、こちらが早いのは明らかである。横浜の話ならば、残念ながら田安家とはまるで関係がない。

もっとも、この手の起源の話というのはどんどん遡っていくのがつねである。そのうち、ペリー提督と吉田松陰が黒船の上でやったのが最初、なんて話が出てこないとも限らない。

勝海舟は明治維新後もずっと、徳川家の人々の面倒を見た

明治維新において、幕府側の勝海舟が大きな役割を果たしたことは否定できない。鳥羽伏見の戦いのあと、大坂からもどってきた徳川慶喜に、徹底恭順の道を説いたのは勝海舟だった。

客観的に見れば、これで慶喜は命を失わずにすんだ。

だが、慶喜のほうは、その後ずっと、勝に対して屈折した気持ちを持ちつづけていたかもしれない。

ところが、明治二十五年に海舟の長男小鹿《ころく》が死んだとき、勝はその爵位を徳川家に奉

還したいといって、慶喜の末っ子の精《くわし》を養嗣子に迎えたいと願いでた。

このときはじめて、慶喜は、

「勝はわしに怨みを持っているのかと思っていたが、そこまで親切にしてくれるか」

と涙をながしたといわれる。

ただ、精を養子にするときも、海舟は最初、慶久を望んだのに、慶喜が、

「あれは当家の嗣子だからやれぬ」

といい、

「精なら末っ子だからよい」

というので精に決まったという話もある。

旧幕臣などには、勝を怨んでいた人たちも多く、

「あれは勝一流の駆け引きだ」

と誹謗する者もいたらしい。

ただ、勝家に入って伯爵となった精だが、その後、昭和七年に愛妾といっしょに心中してしまう。これは当初、脳溢血と発表されたが、じつは心中とわかって、新聞各紙で大きく報道された。

勝は一筋縄ではいかない人で、さまざまな思いも交錯していただろうが、徳川家への責任感のようなものは、ずっとあったのだろう。

勝は徳川家だけでなく、日光東照宮を救ったこともある。

明治維新後に、西洋人が日光東照宮を三十五万円で買いたいといってきたことがあったらしい。旧幕時代のさまざまなものが、打ち壊されたりしており、東照宮への畏敬の念も薄れてしまっていた。この際、日光と久能山の東照宮をどちらかにひとつにまとめられないかというので、大久保利通と三条実美から勝海舟のところに打診があった。

この話を聞いた勝が、

「人の古廟をつぶして、それで活計を立てるというのはみっともない話ですよ」

と忠告したため、この話はオジャンになったとのことである。

徳川家の埋蔵金は、徳川家の人もありかを知らない

「ほんとは、あるんでしょ？」

などとよく訊かれる。

「なにがですか？」

相手があまりに真剣な顔だと、ちょっと逃げ腰になりながら訊き返す。

「ほら、あれですよ。徳川家が、まさかの時に備えて隠しておいた埋蔵金」

「ああ、あれね……」

内心では、またかと思う。多くの方々が期待しているらしく、いまだにテレビなどで埋蔵金発掘の特番などが放映されたりもする。

全国にこうした伝説があるようだが、徳川家がらみでもっとも有名なものが《小栗上野介の秘宝》というものである。これは、しばしばミステリーの題材などにもされる。

桜田門外の変で殺された大老井伊直弼が、勘定奉行や外国奉行などを歴任した小栗上野介と図って、赤城山周辺におよそ三百六十万両を埋めたというものである。いざ、ことが起きたときの軍資金にしようとしたのだそうだ。

この伝説にとりつかれて、ずっと掘りつづけている人もいるらしいが、いまだに発見されないでいる。

それに、小栗上野介は幕末に、フランスに借金の申し込みなどをしているのだ。三百六十万両のありかを知っている人が、借金の申し込みをしようとは思えない。やはり、これは何かの誤解から始まったのではないだろうか。

ただ、わたしもいちがいに埋蔵金伝説を否定するのではない。

幼稚園の上級生でどこかの大名の子孫がいたが、その人は、

「古文書どおりの数千両の埋蔵金が見つかって、それを先祖が捜し当てたという話を聞いたことがある」

と言っていた。

ただ、それは地方の大名家だったからありえたことで、徳川家ではまずありえないだろう。あの状況下で、誰にも知られず、多量の財宝を隠すのは不可能だったはずだ。

だが、発見されたらやはり嬉しい。先祖が子孫のために隠したものだとすると、わたしにもいくらかの権利は発生するのだろうか。

まあ、記念にひとかけらほどは、いただけたらなと思う。

埋蔵金と比べたらおこがましいが、わが家にもわずかながら先祖からつたわったものはあった。

そのうち、どうにか他人様にご覧いただけるのは、田安家の初代当主である宗武の書の掛け軸と、田安文庫（田藩文庫）くらいではないか。

戦前まではもう少しあったのだが、空襲などで焼けてしまった。

三田の家には土蔵があって、ここにそれら代々伝わるものをおさめていた。だが、それも空襲で焼けてしまい、焼け跡からは金杯と、熱で塊になってしまった銀器が出てきたと、近所の人が持ってきてくれた。わたしは、母に頼まれて、その銀の塊を古道具屋に持っていったことがある。溶けてしまったら金属としての価値だけなので、子ども心にも安いなあと思ったのを覚えている。

このとき、三田の家は風向きが変わったりした加減で、渡り廊下でつながった南側のほうは少し焼け残った。

だが、こちらにはたいしたものは置いていなかった。風向きが変わらなかったら、わたしの手元にも、もう少し歴史的な遺物が残ったかも知れない。

田安宗武の書等は、わたしの母が疎開先に送っておいたものだった。本の類は大学に預かってもらったものと、尾張家に預ってもらったものだった。

絵や書を貴重なものとしてきたのが田安家の伝統だから、残ったのはそうしたものだけだ。

それはそうと、三田の家は全館木造なのに、洋館の廊下の壁に消防車が来て使うような、本格的な消火栓と、長くて何重にも巻いた太いホースが扉の中に格納してあった。子ども心にも役立ちそうもないと思ったが、結局、この家は戦災で焼けてしまったのだから、単なる装飾品的なものであったかもしれない。

有名な「東照宮御遺訓」が贋物だと証明したのは、徳川家の人だった

徳川家康が自ら書いた教訓ということで、大変に人気のある一文がある。「東照宮御遺訓」と題されたもので、このコピーは日光や久能山の東照宮でもおみやげのように売られているので、お持ちになっている人も多いのではないか。

そう長いものではないので、全文を紹介する。

「人の一生は重荷を負《おう》て遠き道をゆくが如し、いそぐべからず、不自由を常とおもへば不足なし、こころに望おこらば、困窮したる時を思ひ出すべし、堪忍は無事長久の基《もとい》、いかりは敵とおもへ、勝事《かつこと》ばかり知《しり》て、まくる事をしらざれば、害其《その》身にいたる、おのれを責《せめ》て、人をせむるな、及ばざるは過《すぎ》たるよりまされり」

以上である。

いかにも苦労人の家康が残したような、奥深い英知にあふれた言葉である。実際、こ

れを座右の銘にする人も多く、会社の社長室に飾ってあるのを見たこともある。

これは、関ヶ原の合戦から三年後、江戸幕府をひらいた年の正月、六十三歳になった家康が書き残したものといわれてきた。ちゃんと花押も入っている。まさに、これは大きな仕事をなしとげた六十三の男が書いたと思える文章になっている。

また、この「東照宮御遺訓」が明治から大正にかけて、学校教育の教材に使われたり、徳川慶喜もこれをそのまま書にしたりしていたので、本物として多くの人に信じられるようになった。

ところが、この文章は、後世の人が家康らしい教訓にしようと創作したものだったのだ。しかも、つくられたのは意外に最近のことで、明治十一年頃。つくった人もわかっていて、旧幕臣の池田松之助という人だった。

池田は、旧幕臣を励ますつもりもあったらしく、いかにもという偽書を制作し、これを日光東照宮や久能山東照宮に奉納したのだった。この奉納には、勝海舟や山岡鉄舟までかかわったというのだから、つい信じてしまう。

これを丹念な資料の調査で明らかにしたのは、尾張名古屋の徳川家の現当主で、徳川美術館の館長の徳川義宣氏だった。

池田が書いた偽書には元があり、それは水戸黄門作としてつたえられてきた「一人のいましめ」という教訓だという。これが出回っていくうち、故意にか、あるいは勘違いでか、江戸時代の終わりごろには家康の書いたものだと思われるようになったらしい。しかも、この文で書かれたようなことは、実際に家康がほかで書いていたり、あるいは口にしていたりする。したがって、「東照宮御遺訓」は家康の残した言葉や伝記を踏まえて、リライトしたものといってもいいのではないか。贋物として無視するのは勿体ない気がする。

田安徳川家の子孫は将軍といっしょに眠る

田安家の墓は、上野の寛永寺の墓地にある。谷中の墓地といったほうがわかりやすい。寛永寺は将軍家の菩提寺だが、田安家の墓の管理もお願いしている。本来は、寛永寺の末寺（塔頭）で凌雲院というのが、田安家の菩提寺だった。

だが、ここは昭和になって西洋美術館をつくるというときに、政府にゆずり、墓もつぶした。科学博物館の裏手に公園側からＪＲの線路をまたいで、反対側にわたる陸橋は凌雲橋というが、それはこの名前の名残である。

凌雲院を取り壊したときに、ご位牌を入れる建物を寛永寺の空いている場所に建てた。そこには宗家のものと、御三卿のものの二棟があって、大河ドラマの『吉宗』の時の江戸城内御仏殿の場面は、この御三卿の内陣をモデルにしたものだった。

墓は代々の田安の当主（ただし、四代斉荘と七代家達の二人は、当主になってから他家を継いだので田安家には墓はない）と正室が入っている。このほかに、たくさんいた側室たちの墓も同じ墓所内にある。

このため、さすがに土地の余裕もなくなってきた。そこで、これから後の世代は父の十代の墓にいっしょに入ることになっている。

近くにある徳川慶喜家の墓も、これからの世代が入る墓を慶喜の墓地の一画に建てたらしい。徳川家でも墓地の確保という問題はさしせまっている。

墓には、いまも年に六回はお参りを欠かさない。

二度のお彼岸と、田安家初代宗武公が亡くなった日（六月四日）を先祖祀りの日としているのでこの日もお参りする。それからお盆に年末とお正月である。

なお、六月四日というのは旧暦の命日で、現在の暦になおすとちがう日になってしまう。しかし、それも面倒なので、そのまま六月四日としているのだ。

その点、さすがに天皇家は厳密で、歴代の天皇が亡くなった日をすべて現在の暦に換算して、その命日に宮内庁の係の方が代参していると聞いた。

将軍の墓は寛永寺の中の別の場所にあって、こちらは一般の人は立ち入りできないし、非公開になっている。

だが、田安家の墓などは墓地にいけば、誰でも見ることができる。ただし、とくに標示があるわけでもないので、他の墓と見分けがつかないだろう。

このあたりは、以前は高い塀で囲われていて、覗き見ることもできなかった。だが、逆にホームレスの人たちが入りこんで住み着いてしまうというので、塀を低くした。このため、外から丸見えになってしまったというわけである。

有栖川宮家の血筋は、徳川慶喜家に入っている

平成十五年に、これまでほとんど忘れられていた宮家の名が突然、取り沙汰された。その宮家とは有栖川宮。いかにも高貴な気配がただよう名である。都内に住む人は、広尾にある有栖川宮記念公園でなじみのある人もいるだろう。この《有栖川宮》の名を騙った結婚式の詐欺事件が発覚したのだった。

有栖川宮の名は、日本の歴史の中でしばしば登場してきた。

江戸時代、五代将軍に有栖川宮を迎えようという計画があったことはすでに記した。また、幕末には官軍をひきいた征東軍総督の有栖川宮熾仁《たるひと》親王も有名である。

有栖川宮家は、『有栖川宮総記』によると、初代好仁親王が万里小路《までの》にあった高松殿に住んだため、高松宮を名のっていたという。

一時、断絶したが、百八代の後水尾天皇の第七皇子良仁《ながひと》親王が継承した。だが、百十代の後光明天皇に嗣子がなく、良仁親王が承応三年（一六五四）に百十一代後西天皇となった。そこで、後西天皇の第二皇子幸仁親王が有栖川宮を継いで、幕末明治までつづいてきた。

この有栖川宮家から水戸家に嫁入りしたのが、徳川慶喜の生母となった吉子である。吉子の父は、有栖川宮織仁《たかひと》親王という名前である。官軍をひきいたのは、熾仁親王。また、その前の代は、幟仁親王といった。大変にまぎらわしいのだが、天皇家や宮家などはどうしても似通った名前が出てきてしまうようだ。

名前はともかくとして、有栖川宮のDNAは徳川慶喜家のほうにもつたわっているわけである。

さらに、徳川慶喜家では、慶喜の後をついだ慶久が、ふたたび有栖川宮家から嫁を迎えた。威仁《たけひと》親王の娘の實枝子夫人である。ここでももう一度、有栖川宮のDNAは再会し、その後の子孫の方たちにつづいているのだ。

しかも、實枝子夫人の子どもである喜久子さまは、高松宮妃殿下になられた。有栖川宮がかつて名乗っていた高松宮にまたも、還ったわけである。そもそも大正二年の高松宮創立は、絶えてしまった有栖川宮家をあわれみ、その祭祀を継ぐためだった。このため、高松宮家では、いまも有栖川宮家の御祭儀がとりおこなわれているという。

詐欺事件の騒ぎのとき、有栖川宮家はすでになくなっていることが、あわせて報道された。このため、有栖川宮の血統は、すっかり影もかたちもなくなったと思った人も多いらしい。

ところが、血統……いまふうにいえばDNAというのは、そう簡単には消え失せたりはしない。有栖川宮の血をうけついでいる人は、いまもたくさんおられるのである。

庶民の男性と結婚しようとした徳川一族の女性に待っていた悲劇

徳川一族は明治以後、そろって華族に列せられた。

華族というのは、たいした特権もないにもかかわらず、さまざまな義務や、暗黙のおしきせなどを背負わなければならなかったりもした。最近、「ハイソ」とか「セレブ」などといったブームの一環で、旧華族の暮らしがひそかな注目を集めているらしい。だが、実際には面倒なことが多く、それほどよいものだったとは思えない。

結婚についても、華族にはなにかと不自由なことが多かった。

華族令十四条では、爵位を持つ者の結婚は、宮内大臣の許可を得なければならないとされた。爵位を持つ者とは、その家の当主のことである。

また、華族令十七条では、華族の家族が結婚するときは、爵位を持つ者が同意を与える前に、宮内大臣の許可を得なければならないとした。

宮内大臣の許可は、それほど厳しいものではなかったというが、実際のところは、華族の家の人たちは、「身分のちがい」を諭されて、結局は華族同士で結婚するのがほとんどだったという。しかも、大名出身の華族同士だったりすると、旧家臣団のほうから明治維新のときに攻めた攻められたとかいった話も持ち出され、ずいぶん面倒なことにもなった人もいたらしい。

そんな中、徳川一族からはじめて華族ではなく、平民の男性と結婚するという女性が現れて、当時の新聞などで話題になった。

それは徳川慶喜の四男で男爵だった徳川厚の長女・喜久子という女性だった。明治もはるか遠くになった大正十二年（一九二三）のことである。

朝日新聞の大正十二年十一月二十二日付によると……。

喜久子は、女子学習院を卒業したあと、ダンスに凝ってしまったらしく、ダンスホールに足しげくかようようになった。そのうちのひとつ、鎌倉海浜ホテルのダンスホールで、やはりダンスをしにきていた多賀鉉之輔という青年と恋に落ちてしまった。

多賀は、震災前までは麴町に事務所を持ち、フランスの建築材料などを輸入する青年実業家だったらしい。

家族の中ですったもんだがあったのかどうかはわからないが、喜久子は徳川厚家から離れ、一平民として多賀と結婚したいという願書が宮内省に提出された。

宮内省もこれを認め、ついに徳川一族でははじめて、平民と結婚するお嬢さまが出たということになった。

徳川喜久子は、この年の十二月に、晴れて多賀と結婚式をあげる予定だったが、それを目前にした十一月の末、腸チフスにかかってしまう。急遽、赤十字病院に入院したが、十二月十八日に亡くなってしまった。

身分を越えた恋の果てには、なんとも悲しい結末が待っていたのだった。

日本最初のパイロットは徳川一族だった

明治維新のあとも、徳川の一族から何人かの有名な人間が出た。

尾張徳川家の徳川義親は狩猟が好きで、昭和初期にマレー半島やボルネオ島の密林で狩りをし、日本では《トラ狩りの殿様》として有名だった。

やはり、尾張徳川の出身で、昭和天皇の侍従長を長くつとめた徳川義寛を記憶している人も多いだろう。この人は、いわゆる《日本の一番長い日》で、激昂した青年将校たちから、終戦の玉音放送の録音盤を守りぬいたことで著名である。

だが、もっとも痛快で、歴史に残る活躍をした人といえば、清水徳川家から出た、日本最初のパイロットとなった徳川好敏の名をあげたい。

一九〇三年に、ライト兄弟が世界初の動力付飛行に成功すると、またたく間に世界中で飛行機の研究が進んだ。当然、武器として利用しようという人たちも現れる。日露戦争（一九〇四〜五）に勝利し、軍事大国の道を歩みはじめた日本においても、飛行機の研究は焦眉の急となってきた。

そこで、陸軍は二人の人間をヨーロッパに送りこんだ。日本で一から飛行機を製作するよりも、まず向こうの飛行機を購入し、それを日本の空で飛ばしてみようとしたのである。送りこまれたのが、ともに陸軍大尉だった徳川好敏と、日野熊蔵だった。

二人はそれぞれ別の飛行機を購入して帰国する。徳川好敏はアンリ・ファルマンという機種、日野熊蔵はグラーデという機種だった。そして、ひと月半ほどして、当時の代々木練兵場において飛行実験がおこなわれたのである。

このとき二人は、日本初飛行をめざして熾烈な競争を繰り返した。日野熊蔵が先に何度か宙に浮いたが、飛行距離が短いというので、初飛行とは認められなかった。

徳川機は事故を起こしたりして、なかなか飛ぶことができなかった。

そして、明治四十三年（一九一〇）十二月十九日……。

この日、徳川好敏はそれまでの不利な状況から、いっきに高度七十メートル、四分間に三キロを飛んで、日本初飛行に成功した。

そのすぐ後、今度は日野熊蔵が高度四十五メートル、一分三十秒に一キロを飛んだ。これも飛行成功ではあったが、翌日の新聞などでは徳川好敏の成功が大きく扱われ、日野は後塵を拝したような印象となってしまった。

だが、いまは徳川好敏とともに日野熊蔵もまた日本初飛行に成功した人として航空界に名をとどめている。

徳川好敏はその後、陸軍中将にまで出世し、航空兵団長や陸軍航空士官学校の校長などを歴任、日本の航空界の発展にも尽力しつづけた。

徳川家は維新後も、存亡の危機に瀕してきた

いい悪いはともかく、明治維新で新政府になってからも、徳川家はまだ、幕臣たちに

くらべたら、財産の面などでは恵まれていたかもしれない。

明治十七年（一八八四）に華族令が発布され、徳川の一族も宗家、御三家、御三卿や慶喜家（慶喜家だけは、遅れて明治三十五年に爵位をたまわった）、さらにいくつかの分家がこの華族に組み入れられた。

宗家と慶喜家のほかに、維新等で功績があった水戸の徳川家は昭和になってからだが、公爵になった。尾張と紀州は、侯爵である。

御三卿は伯爵となった。

「伯爵家ですか。それじゃあ、大金持ちですね」

と思われたりもするようだが、日本の華族は、西洋の貴族のようには財産面の優遇はそれほど多くはなかったのである。

とくに将軍家は、宗家と慶喜家の二つができ、御三卿とともに江戸城の土地、屋敷を収公された。さらに宗家は、江戸時代の数百万石の禄が駿府七十万石に減ぜられてしまい、江戸時代からのたくさんの幕臣をかかえて、この面倒をみることができないくらい、経済的に困窮した。

なお、地方では廃藩置県がおこなわれ、大名が県知事になったが、御三卿は県知事になれなかった。

帝国議会が明治二十三年（一八九〇）に開かれると、華族の当主は貴族院議員になる資格ができた。だが、公・侯爵は全員、自動的に議員になれたが、伯爵以下は互選であり、議員になれたのは選ばれた一部の人だけであった。

田安家では、わたしが子どものころに住んだ家は、いまの慶応女子高校のあたりでおよそ三千坪ほどの敷地があった。そのほかに、土地があり、一帯の一万余坪は貸地にしていた。

だが、大正、昭和と時代が進むにつれ、徳川一族とはいえ、安穏としてはいられなくなってきた。

わたしの母は著書『遠いうた』の中でこんなふうに書いていた。

「婚家では十五銀行の倒産（母の記憶ちがいで、倒産ではなく破綻だが、出資者の多くが華族であり、大幅減資により多くの華族が財産を失った）以来経済的に逼迫して、没落に瀕しました。義父母はその自覚もなく執事任せの相変らずの生活状態を崩さなかったので、とうとう三田の家を慶応義塾に売って、千駄ヶ谷の本家の別棟に住むようになりました。私の実家と異なり、江戸城に住んで、天領という領地を地方に持っていただけで、藩主ではありませんでしたから、お家大切に殿様を真剣に護り立てる忠実な家来がなく、ただの使用人である執事に経済を任せきりにしていたのも没落を早めた結果になりました」

戸田家から嫁に入った母は、徳川家の放漫な家計に不安を感じていたのだろう。実際、わたしの父なども、金の苦労というものはしたことがなかった。

昭和十年あたりから次第に逼迫しはじめ、ようやく生き残った戦後には、空襲で東京の家も焼けてしまい、家族が住むところにも苦労し、あげくの果ては相続税、財産税で、他人に貸してあったりした残された財産のほとんどが、物納でなくなってしまったのである。

わたしの母は、生まれてはじめて、経済的な困窮に直面した。その心痛たるや、大変なものがあったはずだ。

そのころ、いちばん困ったのは、地代家賃統制令によって、地代の収入がおさえられ、逆に公租公課はどんどん引き上げられたことだった。一時的ではあるが、収支がマイナスになり、海軍から復員して運よく会社づとめができた父の給料からの補填では不足した。また、借地人の権利が土地の七割になり、ほんの少し残された土地の値打ちも戦前から比べて三割にまで下がってしまった。

一方、運のよかった人は、広大な借地をしていた人たちである。この人たちは、借りていただけで、その借地の七割の権利を自動的に取得し、しかも税金も払わなかったのである。

最近、同じように、相続税や財産税を物納した友人から、

「世の中には賢い人がいるもので、延納によってその人はほとんど損がなかった」

という話を聞いた。

その賢い人は、第一次大戦後のドイツの超インフレと似たようなインフレが戦後の日本に来ることを予見し、見事、この考えどおりとなって、莫大な額に思われた税金を簡単に支払ったとのことである。智恵のある人の勝ちである。勉強不足であった。

そういうわけで、少なくともわたしが大人になったあたりからは、《徳川家》ということで想像されるような贅沢の経験はまったくといっていいほどない。

「徳川家御用達というような店はないのですか?」

と、訊かれることもあるが、そういう店もほとんどない。

ただ、戦後も、和菓子は三田通りの大坂屋さんというところにときどき頼んでいた。ここ出身の江戸時代の俳人だった秋色女《しゅうしきじょ》という人にちなんだ《秋色最中》は有名である。この店はいまもこぢんまりとお菓子屋さんをつづけていて、知る人ぞ知る名店になっている。

日本酒などもとくにこれという銘柄はない。一橋家の方に聞いたら、最近、元一橋領の播磨で土地起こしの一環として清酒をつくりはじめたとのことである。その名も「一橋」というらしい。そういえば、一橋家の元当主はお酒が好きな方だった。

田安家に関係するところでは、そういうものは聞いたことがないので、わたしとしては感心するしかない。

ただ、母の実家にいたコックさんが、その後、日本橋三越の特別食堂のコックさんになったことから、三越にいくといつもこの特別食堂を利用していた。記憶に残るちょっとした贅沢というと、そんなところだろうか。

韓国では秀吉は悪役だが、徳川は親近感をもたれている

サラリーマン時代に、ビジネスで韓国の会社とのつきあいがあった。

韓国の人たちは明治、大正、昭和の日本の占領時代のことはもちろん、はるか四百年以前の豊臣秀吉の朝鮮の役についても、いまでも激しい怒りを持ちつづけている。

また、秀吉軍を苦しめた李舜臣将軍は、いまの韓国で英雄になっている。

そんな秀吉に対し、徳川家康は、朝鮮出兵に非協力的であり、その後の友好にも積極的だったとして、歴史にくわしい人には評価されているらしい。

実際、家康は朝鮮出兵には反対だったのである。

秀吉から朝鮮出兵の話がきたとき、家康は江戸城の書院で黙りこくって座っていたと

いう。そばにいた本多正信が、

「殿も朝鮮に渡られますか」

と訊いても返事がない。そこで、大声を出して三度訊ねると、

「やかましいわい。人に聞かれるぞ。東の抑えのわしがいなくなったら、箱根を誰に守らせるというのだ」

そういったのだという。本多正信は、その不機嫌なようすで家康が朝鮮出兵に反対なのだとわかった。

とはいえ、このころの家康は正面きって秀吉に反対することはできない。だが、遠征軍からはずされたときは、陰では大変喜んだという記録も残っている。

その後、家康は朝鮮とは親善外交をすすめ、一六〇一年には、家康は対馬の宗氏を通じて秀吉の朝鮮出兵を謝罪し、捕虜となっていた二五〇人を帰国させている。

朝鮮から正式な通信使が訪れるようになったのは、家康が亡くなったあとのことだが、通信使は日光東照宮に参拝しており、日光を訪れた最初の外国人にもなっているのだ。

韓国でここまでくわしい歴史についてご存じの方は少ないだろうが、豊臣家を倒した徳川家ということで知っている人はいるらしい。

それは、ビジネスのときもなんとなく実感した。

「徳川といいます」

と名乗ると、アポイントを取るのもスムーズであったり、あつかいが丁寧に思った。直接、訊いたわけではないのだが、わたし自身は、

（もしかしたら徳川という名前のおかげかな……）

と感じたのだった。

同じような感じは、中国とのビジネスで北京等を訪れたときも持った。当時は中国とビジネスする人も少なかったころだが、名前についても前もって調べていてくれたのではないか。やはり徳川という名には、信頼を持ってくれているようだった。中国に対しても家康は友好を保ち、鎖国中も朝鮮・中国とオランダにはドアを開いていたほどだった。貿易額は朝鮮が最大で、次が中国、この二国とくらべると、オランダはその十分の一にも満たなかった。

先祖の恩恵らしきことばかりあげたが、

「徳川さんは大阪は駄目でしょう」

といわれたことはある。家康は、大阪で絶大な人気を誇る豊臣秀吉の家を攻め滅ぼしてしまったのだから、その子孫も恨まれて当然ではないかというわけである。あまり、そんなことをいわれると、大阪にいくと祟りでもありそうな気がしてくるが、じつはサラリーマン時代に関西支社長を丸五年間体験した。

いくら四百年前のこととはいえ、

「太閤さんのお膝下で、徳川の子孫に商売などさせられますかいな」

などといわれたらどうしようと、内心、気にはしたのである。それでなくても、東京の人間に大阪でのビジネスは難しいといわれるのだ。

そんな心配もあって、わたしはなるべく溶け込もうと、《大阪南ロータリークラブ》に入会した。そこでは、大変親しく付き合っていただき、

「徳川さんみたいな人がずっと大阪にいてくれたら」

とまでいってもらえるようになった。心配するほど太閤さんがどうこうというのはなかったような気がしている。大阪をふくめた関西地方の方々のほうが、東京より丁寧なあつかいをしてくださったと思っているし、年賀状の数や内容などからもそれは感じている。

徳川家に生まれても、いまや得することはほとんどない

徳川の子孫たちが集まる会がある。葵交会という名の集まりで、越前松平家の智子夫

人が音頭をとってスタートした。

会員と呼ぶ程のものではないが、葵の紋を家紋に持った家に生まれた人と、その子どもたちの集まりである。

徳川は、江戸時代は宗家と御三家、御三卿だけだったが、その後、分家もできて、いまは十数家ある。

松平は、家康前に分かれた家も当初は葵紋を使っていたようだが、遠慮して使わないようになり、家康以降の松平で葵紋も使っている家が参加する。

他家に嫁した女性も多いので、徳川、松平だけではなく、たくさんの名字の方々の集まりとなっている。

年に一度、場所は霞が関ビルにある霞会館か三井クラブを借りる。

江戸開府四百年のときは、ご宗家が幹事になって、上野の寛永寺の広間で浦井執事長のお話を聞いたり、雨の降る中を普段は入れない将軍家のお墓にお参りをしたりした。

こんなふうに、徳川の家に生まれたのはわたし一人ではないので、いちがいにはいえないのだが、現代において徳川という名のもとに生まれたことは、はたして幸せだったのか、そんなことを考えたこともあった。

わたしの母が書いた自叙伝『遠いうた』に、きびしい一文がある。それは、

「先祖の名をはずかしめない人間になろうと考えているのは、一門一族のひとの共通な

思いでありましょうが、私などいっそのこと『川徳』という苗字に変えられたらどんなに気が楽だろうと思ったこともありました。」

という文章である。

戦後、華族制度がなくなって、肩から重荷が下りたような気がしたが、まだ「徳川」という名は重いといっているのだ。

これはやはり、戦後の数々の苦労がいわせた言葉なのだろう。

わたしのほうは、それほどまで思ったことはない。

料亭などにいって、苗字を名乗ると、

「あら、俳優さん？」

などと訊かれたりした。

徳川などという苗字は芸名のように思われるらしい。そんなときは、むしろ愉快な気持ちになったりする。

だが、よくよく考えれば、徳川という名のおかげでいい思いをしたという記憶は日本ではあまりない。

戦争末期、わたしは江田島の海軍兵学校にいた。

わたしが在校中、賀陽宮《かやのみや》と久邇宮《くにのみや》というおふた方の宮さまがおられた。さすがに特別扱いで、日曜日になると休憩する一戸建ての建物があった。御付武官もいた。

日曜日には、わたしもだいたいそこに呼ばれて、宮さまがたの相手をすることになっていた。

宮さまがたとはとくに変わったことをするでもなく、雑談したり、食事をしたり、お菓子をいただいたりするくらいだった。

ほかの生徒たちは日曜日は外出できて、教官の家に遊びにいったりしていた。わたしも時々は外出したが、ほかの生徒から見たら、宮家の相手をするのは特別扱いで付き合いにくい生徒だっただろう。

そのとばっちりもうけた。

上級生（一号生徒）から呼び出され、

「名前をいえ」

といわれ、いくら大声でいっても声が小さいと、ビンタをはられたこともあった。もっとも海軍兵学校は、もともと良家の子弟が多くて、予科連等と比べるとそれほどきびしくはなかった。

兵学校の特別扱いにしても、結局のところ、名前のおかげで変に目立つだけで、たいしていいことはなかった。

その後、わたしは慶応義塾大学工学部に進んだが、慶応ではありがたいことに名前でどうこうということは感じなかったし、級友からは親切に扱ってもらった。

サラリーマンになってからの損得というのは、ここではやめておくが、ただ、わたしの場合、神社仏閣などに行ったりしたときは、うっかり記帳などすると、とんでもないことになってしまう。

「えっ、徳川さまのご子孫で……！　それはそれは……！」

この世界ではまだ、神君家康は健在なのだろうか。

わたしとしては、雰囲気からふつうの人より多い額の御布施をあげなければならなくなってしまう。

ちなみに東京の電話帳で《徳川》を見ると、二十軒ほど出ている。

そのうちの多くは親類の方々と、あとは《割烹徳川》などといった屋号である。

ただ、わたしの父が呉の海軍工廠にいたとき、五万人ほどいる中に、徳川姓がほかに三人ほどいたそうだ。どうも維新後に名字をつけるのに、どうせなら《徳川》にしようと登録した方たちの子孫のようだったという。

そんな人たちをインチキだなどと非難するつもりはない。わたしの徳川にしても、本来は松平だったのを徳川にしてしまったので、これも同じようなものなのである。

《参考資料》

『新訂増補国史大系・徳川実紀』吉川弘文館
『大日本近世史料』東大出版会
『三田村鳶魚全集』中央公論社
『名将言行録』岩波文庫
『旧事諮問録』岩波文庫
『国史大辞典』吉川弘文館
『三河物語（大久保彦左衛門著・小林賢章訳）』教育社
『徳川家康（北島正元著）』中公新書
『翁草（神沢貞幹著・浮橋康彦訳）』教育社
『耳嚢（根岸鎮衛著）』岩波文庫
『江戸城（村井益男著）』中公新書
『江戸の町（岸井良衛著）』中公新書
『江戸城御庭番（深井雅海著）』中公新書
『家康の天下取り（加来耕三著）』中公文庫
『関ヶ原の役（旧参謀本部編纂）』徳間文庫
『たべもの戦国史（永山久夫著）』旺文社文庫

『戦国武将の食生活（永山久夫著）』河出文庫
『明治事物起原（石井研堂）』ちくま学芸文庫
『海舟座談（巖本善治編）』岩波文庫
『関ヶ原合戦（笠谷和比古著）』講談社選書メチエ
『徳川政権と幕閣（藤野保編）』新人物往来社
『定本大和柳生一族（今村嘉雄著）』新人物往来社
『徳川慶喜公伝（渋沢栄一著）』東洋文庫
『徳川慶喜（松浦玲著）』中公新書
『時代考証事典（稲垣史生著）』新人物往来社
『黄門さまと犬公方（山室恭子著）』文春新書
『水戸義公伝記逸話集』吉川弘文館
『にっぽんラーメン物語（小菅桂子著）』駸々堂出版
『水戸黄門の食卓（小菅桂子著）』中公新書
『定本江戸城大奥（永島今四郎ほか編）』新人物往来社
『江戸城大奥一〇〇話（安西篤子監修）』立風書房
『家康の遺産』徳川美術館・徳川博物館
『最後の将軍徳川慶喜』松戸戸定歴史館
『遠いうた（徳川元子著）』講談社
『華族たちの近代（浅見雅男著）』NTT出版
『徳川慶喜家にようこそ（徳川慶朝著）』文春文庫

『父より慶喜殿へ（大庭邦彦著）』集英社
『徳川慶喜残照（遠藤幸威著）』朝日文庫
『別冊歴史読本　徳川将軍家への反逆』新人物往来社
『別冊歴史読本　徳川十五代将軍グラフティー』新人物往来社
『別冊歴史読本　徳川将軍家人物系譜総覧』新人物往来社
『別冊歴史読本　徳川吉宗ものしり百科』新人物往来社
『別冊歴史読本　図説家康の江戸』新人物往来社
『徳川十五代知れば知るほど（大石慎三郎監修）』実業之日本社
『徳川慶喜と将軍家の謀略』世界文化社
『文政十一年のスパイ合戦（秦新二著）』文藝春秋
『徳川家康事典（藤野保・村上直ほか編）』新人物往来社
『遊びをする将軍　踊る大名（山本博文著）』教育出版
『徳川三代のトラウマ（瀬戸環・中野元著）』宝島社新書
『朝鮮通信使と徳川幕府（仲尾宏著）』明石書店
『朝鮮通信使史話（朴春日著）』雄山閣
『東照宮再発見（高藤晴俊著）』栃木新聞社

徳川家一族系図（江戸時代）

《将軍家》

1 家康 — 2 秀忠 — 3 家光 — 4 家綱 — 5 綱吉 — 6 家宣 — 7 家継 — 8 吉宗 — 9 家重 — 10 家治 — 11 家斉 — 12 家慶 — 13 家定 — 14 家茂 — 15 慶喜

《御三家》

- 尾張家：義直 — 光友 — 綱誠 — 吉通 — 五郎太 — 継友 — 宗春 — 宗勝 — 宗睦 — 斉朝 — 斉温 — 斉荘 — 慶臧 — 慶恕（慶勝） — 茂徳 — 義宜
- 紀伊家：頼宣 — 光貞 — 綱教 — 頼職 — 頼方 8（吉宗） — 宗直 — 宗将 — 重倫 — 治貞 — 治宝 — 斉順 — 斉彊 — 慶福 14（家茂） — 茂承
- 水戸家：頼房 — 光圀 — 綱条 — 宗堯 — 宗翰 — 治保 — 治紀 — 斉脩 — 斉昭 — 慶篤

《御三卿》

- 田安家：宗武 — 治察 — 斉匡 — 斉荘 — 慶頼 — 寿千代 — 亀之助（家達）
- 一橋家：宗尹 — 治済 — 斉敦 — 斉礼 — 斉位 — 慶昌 — 慶寿 — 昌丸 — 15 慶喜 — 茂栄
- 清水家：重好 — 敦之助 — 斉順 — 斉明 — 斉彊 — 昭武

文春文庫

徳川家《とくがわけ》に伝《つた》わる
徳川四百年《とくがわよんひやくねん》の内緒話《ないしよばなし》

定価はカバーに
表示してあります

2004年8月10日　第1刷
2006年8月1日　第10刷

著　者　徳川宗英《とくがわむねふさ》

発行者　庄野音比古

発行所　株式会社　文藝春秋

東京都千代田区紀尾井町3-23　〒102-8008
TEL　03・3265・1211
文藝春秋ホームページ　http://www.bunshun.co.jp
文春ウェブ文庫　http://www.bunshunplaza.com
落丁、乱丁本は、お手数ですが小社製作部宛お送り下さい。送料小社負担でお取替致します。

印刷・大日本印刷　製本・加藤製本

Printed in Japan
ISBN4-16-767922-1